SAKRAMENT DES ALTARES

Vorbereitung auf die erste heilige Kommunion

P. Martin Ramm FSSP
Illustrationen: Dorothea Hageböck

2. Auflage
Thalwil 2022

Imprimi potest

Friburgii Helvetiæ, die 30 Novembris 2015
Rev.mus D.nus. P. John Berg, sup. gen. fssp

Imprimatur

† Dr. Vitus Huonder
Ordinarius Episcopalis Curiensis
Curiæ R., die 24 Junii 2015

Alles hat seinen Preis ...

Um dieses Büchlein auf unkomplizierte Weise möglichst weit zu verbreiten, bieten wir es gratis an. Zugleich sind wir sehr dankbar für jede Spende zur Deckung der Druck- und Versandkosten sowie zur Förderung unserer vielfältigen Apostolate. (Beachten Sie die Hinweise am Ende dieses Büchleins.) Dafür sagen wir ein herzliches Vergelt's Gott!

Spendenkonten

- für die Schweiz: Verein St. Petrus
  IBAN CH53 0070 0114 9000 3982 3
  BIC ZKBCHZZ80A (Zürcher Kantonalbank, 8010 Zürich)

- für Deutschland: Priesterbruderschaft St. Petrus e. V.
  IBAN DE85 7509 0300 0200 1992 22
  BIC GENODEF1M05

- für Österreich: Förderverein St. Petrus
  IBAN AT87 3200 0000 0703 7419
  BIC RLNWATWW (Raiffeisenlandesbank Niederösterreich-Wien)

Bestellmöglichkeiten

ISBN 978-3-96316-048-6

- E-Mail: www.petrusverlag.de / p.ramm@fssp.ch
- Post: Priesterbruderschaft St. Petrus
  Ludretikonerstrasse 3 / CH-8800 Thalwil
- telefonisch: CH 0041-(0)44-772 39 33
  D 0049-(0)8385-9246459
  A 0043-(0)1-5058341

Inhalt

Liebe Eltern, lieber Katechet!

Es gehört zu unseren schönsten Aufgaben, Kinder auf dem Weg zu ihrer ersten heiligen Kommunion zu begleiten und sie auf die sakramentale Begegnung mit dem Heiland vorzubereiten. Ganz besonders segensreich wird diese Zeit, wenn die gesamte Familie daran Anteil nimmt. Wie gut ist es, wenn Eltern und Geschwister mit dem Erstkommunionkind innerlich mitgehen und jeden Tag gemeinsam beten!

Voraussetzungen

Fragen wir uns zunächst, was wir beim Kind voraussetzen und auf welchem Fundament wir katechetisch aufbauen wollen.

Alte Weisheit sagt, die Seele des Menschen sei von Natur aus christlich. Davon sind wir fest überzeugt! Ebenso, wie ein Kind von Natur aus geneigt ist, Vater und Mutter zu lieben, ist es von Natur aus dazu geneigt, auch Gott zu lieben, wenn es ihn nur kennt. Die Eltern vertreten vor dem Kind nicht nur die Stelle Gottes, indem sie durch die *Weitergabe des Lebens* an der *Schöpfung*, sondern auch, indem sie durch die *Weitergabe des Glaubens* an der *Erlösung* ihrer Kinder mitwirken. Am Geschenk der Liebe ihrer Kinder sollten sie sich nicht nur für sich selbst erfreuen. Vielmehr werden sie erfahren, dass diese Liebe noch viel beglückender ist, wenn sie sie gleichsam ‚weiterleiten' und sie zur Brücke für die Liebe ihrer Kinder zum Vater im Himmel machen.

Es mag Zeiten gegeben haben, in denen Eltern davon ausgehen konnten, dass ihren Kindern von amtlichen Verkündern ein solides Glaubenswissen vermittelt wird. Wer in einen katholischen Kindergarten ging, den schulischen Religionsunterricht durchlaufen hat und sorgfältig auf Beichte, Erstkommunion und Firmung vorbereitet wurde, sollte den katholischen Glauben gründlich kennen und lieben gelernt haben. Die nachkonziliare Realität zeigt aber: Es ist heute keineswegs selbstverständlich, dass junge Menschen nach acht Jahren Religionsunterricht auch nur das *‚Vater unser'* können oder wissen, was ein Sakrament ist. Nicht selten ist der eigentlich zur Glaubensunterweisung gedachte Unterricht fremdbesetzt durch Drogenprävention,

Eingenderung und Umweltschutz. Tendenziell wird über den Islam und den Buddhismus eher positiv gesprochen, wohingegen die Wahrheit des katholischen Glaubens verzerrt dargestellt, seine Schönheit vorenthalten und Glaubenszweifel ausgesät werden. Glücklicherweise ist dies nicht überall der Fall. Wer die Situation aber ein klein wenig kennt, weiß wohl, dass ich nicht übertreibe.

Es ist ein Gebot der Stunde, dass die Eltern selbst ihre hohe Verantwortung wahrnehmen und die ihnen von Gott gegebenen Rechte und Pflichten ihren Kindern gegenüber bewusst ausüben.

Ist es nicht schön, wenn ein Kind bereits in den ersten neun Monaten seines Lebens in Liebe erwartet und schon vor der Geburt unter dem Herzen seiner Mutter täglich von seinen Eltern gesegnet wird? Hineingeboren in die Geborgenheit einer von Gottes- und Nächstenliebe erfüllten Familie, sind Mutter und Vater seine ersten Katecheten. Ein Kind lernt reden, indem man viel mit ihm spricht. Kinder lieben es, wenn man ihnen erzählt. Schöne Geschichten möchten sie nicht nur einmal, sondern immer und immer wieder hören. So entwickelt sich nicht nur Sprache, sondern auch Kultur und wahre Herzensbildung. Zugleich mit der Muttersprache lernt das Kind wie von selbst Gott kennen und lieben.

Eine kluge Mutter wird es nicht versäumen, ihren Kindern nach Möglichkeit jeden Abend aus der Kinderbibel vorzulesen, ihnen vom Heiland und von den Heiligen zu erzählen und ihnen zu zeigen, wie man sein Gewissen erforscht und das Herz rein bewahrt. Unsagbar viel Kinderfreude vermittelt ein bewusstes Leben im Kirchenjahr mit all seinen wunderbaren Bräuchen. Durch all dies soll im Kind die Gottesliebe so weit reifen, dass es eine große Sehnsucht bekommt, JESUS in der heiligen Kommunion zu empfangen.

Wenn Eltern diese Sehnsucht wahrnehmen und sie der Meinung sind, dass ihr Kind die nötige Reife und Unterscheidungsgabe erlangt hat, sollten sie darüber mit dem Priester reden, damit die Vorbereitung auf die Beichte und die heilige Kommunion nicht zu spät, aber eben doch auch nicht zu früh beginnt.

Zeitlicher Rahmen

Gelegentlich ist der Einwand zu hören: Wer macht denn heute noch ein ganzes Jahr lang Erstkommunionvorbereitung? Als Antwort darauf möchte ich nachdrücklich darum werben, ein von viel Liebe, pädagogischer Klugheit und katechetischem Geschick begleitetes Jahr wieder für jedes Kind zur Normalität werden zu lassen! Sowohl für die menschliche und charakterliche als auch für die religiöse Bildung und Reifung des Kindes kann solch ein Jahr unschätzbar wertvoll sein. Wenn im Kind in Vorfreude auf die Begegnung mit dem Heiland sein gutes Wollen erstarkt und es lernt, ernsthaft an sich selbst zu arbeiten, kann die kleine Person dadurch sehr viel gewinnen!

Ich halte es für gut, ganz bewusst auch anspruchsvolle Begriffe mit in den Erstkommunionunterricht einzubringen. Freilich ist es für den Katecheten eine Herausforderung, auch selber um das Verständnis der tieferen Zusammenhänge in den einzelnen Lektionen zu ringen, denn nur was man selbst verinnerlicht hat und geistigerweise gleichsam besitzt, kann man an andere weitergeben. Er muss sorgsam darauf achten, ob die Kinder innerlich mitgehen, und sich darum bemühen, alle ihnen unbekannten Begriffe kindgerecht zu erklären. Die Erfahrung zeigt, dass viele Kinder eine ganz erstaunliche Auffassungsgabe besitzen und dass es nicht recht wäre, sie in dieser Hinsicht zu unterfordern. Und selbst wenn man den ein oder anderen Punkt bei diesem oder jenem Kind im Moment noch ausblendet, so kann man doch später darauf zurückkommen und hat bereits eine gewisse Grundlage gelegt, indem der Begriff schon einmal vorkam.

Aufbau

1. Abschnitt: Die wichtigste Voraussetzung für unseren Erstkommunionkurs ist eine gute Kenntnis des Lebens JESU. Normalerweise kann diese durch niemanden besser und kindgerechter vermittelt werden als durch die Mutter. Um die vorhandene Kenntnis zu überprüfen und zu vertiefen, werden wir zum Einstieg das Leben JESU in den zwanzig Geheimnissen des Rosenkranzes betrachten.

Es wird empfohlen, dabei mehr als eine Stunde zu verweilen und zu schauen, dass alle Kinder in etwa auf denselben Kenntnisstand kommen. Auch sollte man sich vergewissern, dass die Kinder die Grundgebete kennen. Schön wäre es, vor jeder Stunde gemeinsam ein Gesätzlein des Rosenkranzes zu beten.

2. Abschnitt: Danach schauen wir, wie JESUS seine Apostel drei Jahre lang auf ihre erste heilige Kommunion vorbereitet hat, indem sie bei ihm waren und alles gehört und gesehen haben, was JESUS lehrte und tat. Dabei werden wir, ausgehend von der Hochzeit zu Kana, bis zum Letzten Abendmahl gelangen. Katechetisch stehen zunächst das Wunder der eucharistischen Wesensverwandlung und die reale sakramentale Gegenwart JESU im Vordergrund.

3. Abschnitt: Anknüpfend an die Worte JESU zu Petrus: „Wenn ich dich nicht wasche, kannst du nicht Gemeinschaft mit mir haben", ist dann der richtige Augenblick gekommen, eine kurze, kindgerechte Beichtkatechese einzuflechten, denn nach dem Wunsch der Kirche ist die Beichte vor der Erstkommunion eine heilige Pflicht (siehe die beiden Zitate auf der folgenden Seite). Das Kind soll lernen, auf die Stimme seines Gewissens zu horchen, noch bewusster auf das Gute hin zu leben und so sein Herz für JESUS zu bereiten. Es soll sehen, dass alles Gute schön, alles Böse aber hässlich ist, und verstehen, dass die Sünde von Gott trennt, die Reue aber jener Liebe entspringt, die danach strebt, uns ganz mit Gott zu vereinen.

Wenn der Erstkommunionunterricht im Sommer beginnt, wäre es passend, dass die Erstbeichte gerade vor Weihnachten stattfindet.

Wir empfehlen, in der Zeit nach der ersten heiligen Kommunion die Herzens- und Gewissensbildung der Kinder durch eine vertiefende Abhandlung über die *Zehn Gebote Gottes* und eine gründlichere Beichtkatechese weiter zu vervollkommnen.

4. Abschnitt: Dann folgen wir JESUS nach Golgotha. Ausgehend von der Betrachtung des Paschamahles, gelangen wir zum Kreuzesopfer und von dort zum Messopfer. Das Kind soll lernen, positiv vom Opfer zu denken und eine wahre Opfergesinnung in sich zu erwecken.

5. Abschnitt: Schließlich wollen wir die heilige Messe in ihrem Aufbau und ihrer inneren Bedeutung betrachten. Das Kind soll mit der heiligen Messe vertraut und zu einem innerlich wachen betenden Mitvollzug des eucharistischen Opfers im Sinne einer *actuosa participatio* befähigt werden. Dabei folgen wir ganz bewusst der heute von immer mehr Katholiken neu entdeckten und geliebten überlieferten Form der heiligen Messe. Es wäre schön, wenn auch das Kind sie schätzen und lieben lernt!

Dieser letzte Abschnitt der Vorbereitung zielt ganz konkret auf die persönliche Begegnung mit JESUS in der heiligen Kommunion.

Möge der Erstkommuniontag für all unsere Kinder zum schönsten Tag ihres noch jungen Lebens werden! Und auch uns selbst soll die Liebe zum Herrn immer mehr erfüllen, bis wir alle zu dem Ziel gelangen, zu dem hin wir erschaffen sind, nämlich einmal im Himmel auf ewig mit Gott vereint zu sein!

P. Martin Ramm FSSP

„Pflicht vor allem der Eltern und derer, die an Stelle der Eltern stehen, sowie des Pfarrers ist es, dafür zu sorgen, dass die Kinder, die zum Vernunftgebrauch gelangt sind, gehörig vorbereitet werden und möglichst bald, nach vorheriger sakramentaler Beichte, mit dieser göttlichen Speise gestärkt werden. Der Pfarrer hat auch darüber zu wachen, dass nicht Kinder zur heiligen Kommunion hinzutreten, die den Vernunftgebrauch noch nicht erlangt haben oder die nach seinem Urteil nicht ausreichend darauf vorbereitet sind.“ (Canon 914 des kirchlichen Gesetzbuches CIC)

„Der Erstkommunion der Kinder muss immer eine sakramentale Beichte und Lossprechung vorausgehen. Außerdem soll die Erstkommunion immer von einem Priester gereicht werden, und zwar nie außerhalb der Messfeier.“ (Instruktion ‚Redemptionis Sacramentum‘ vom 25. März 2004, Nr. 87)

Liebes Kommunionkind!

Nun darfst du beginnen, dich auf deine erste heilige Kommunion vorzubereiten. Das soll eine sehr schöne Zeit werden, die dir viel Freude bringt!

Einmal sprach JESUS zu seinen Jüngern: „Lasset die Kinder zu mir kommen! Hindert sie nicht daran!" (Mk 10, 14). Das hat er gesagt, weil ER die Kinder ganz besonders lieb hat. Auch dich!

In der heiligen Kommunion kommst du zu JESUS und ER zu dir. Er will nicht nur *bei* dir sein, sondern er will *in* dir sein. Was das bedeutet, wirst du im Laufe des Erstkommunionkurses immer besser verstehen.

Wenn du dein Herz für JESUS öffnest, wird er es ganz erfüllen!

JESUS kommt gerne zu den Menschen, die für ihn bereit sind. Doch ganz besonders gerne kommt er zu den Kindern, die ihn zum allerersten Mal empfangen.

Kannst du dir denken, wie wichtig es ist, dass du dich auf einen so hohen Besuch sehr gut vorbereitest, um den Heiland mit ganz reinem Herzen und mit viel Liebe zu empfangen?

Zur Vorbereitung sind zwei Dinge ganz besonders wichtig:

- Erstens sollst du JESUS immer besser kennen lernen. Dazu hilft dir dieses Büchlein. Es enthält einiges, was du gut lernen sollst. Ob das Lernen dir leichtfällt? Wenn du es für JESUS tust, wird ER dir helfen, und so wird es dir ganz sicher gelingen. Es wäre schön, wenn du dies alles dein ganzes Leben lang im Herzen bewahren würdest! Im Büchlein sind viele Zeichnungen. Wenn du möchtest, kannst du sie farbig ausmalen. Ich empfehle dir, das so sorgfältig und schön zu tun, dass du das Büchlein gerne aufbewahrst, damit es dich auch später immer wieder an die Zeit der Vorbereitung auf deine erste heilige Kommunion erinnert.

- Zweitens würde es natürlich nicht genügen, dies alles nur mit dem Kopf zu lernen und JESUS nur mit Worten zu lieben. Lass deine Liebe zu JESUS zur Tat werden! Deshalb gib dir gerade in dieser Zeit viel Mühe, gut und eifrig zu beten, besonders am Morgen und am Abend und in der heiligen Messe. Nimm dir vor, deine täglichen Pflichten zu Hause und in der Schule gewissenhaft zu erfüllen und deinen Eltern viel Freude zu machen. Achte darauf, gut zu sein und deine kleinen Fehler ernsthaft zu bekämpfen!

Ob es möglich ist, dass deine Eltern und Geschwister und alle, die dir begegnen, irgendwie merken können, dass du ein Erstkommunionkind bist? Wäre das nicht schön?

So, und nun fangen wir an!

1. Wer ist JESUS?

Wer JESUS ist, das lesen wir in der Bibel. Wir nennen sie *Heilige Schrift*, denn sie enthält Gottes Wort. In der Bibel hat Gott sich uns mitgeteilt.

In ihr steht geschrieben,
- wie Gott die Welt und die Menschen erschaffen hat;
- wie die Menschen gesündigt und die Gnade der Gotteskindschaft verloren haben;
- wie Gott aus Liebe zu uns Mensch geworden, am Kreuz gestorben und am dritten Tag auferstanden ist, um uns von den Sünden zu erlösen und in den Himmel zu führen.

Alles, was Gott geoffenbart hat, glauben wir ganz fest. Es ist sicher wahr, weil Gott die Wahrheit ist!

Um gut zu verstehen, wer JESUS ist, muss man wissen, dass es nur einen *einzigen* Gott gibt und dass Gott *dreifaltig* ist: Gott-Vater, Gott-Sohn und Gott-Heiliger-Geist. So hat Gott sich uns geoffenbart, und so bekennen wir es, sooft wir das Kreuzzeichen machen!

Für uns Menschen und um unseres Heiles willen ist Gott-Sohn vom Himmel herabgestiegen. Er hat Fleisch angenommen durch den Heiligen Geist aus der Jungfrau Maria und ist Mensch geworden. **JESUS Christus ist wahrer Gott und wahrer Mensch!**

Schau dir die Zeichnung links an! JESUS liebt die Kinder, wie ein guter Hirt seine Schafe liebt. - Willst du eines seiner Schäflein sein? Was die Weizenähren und der Weinstock auf dem Bild bedeuten, wirst du bald erfahren. Sie deuten nämlich auf das große Geheimnis der heiligen Kommunion hin, durch die JESUS sich selbst uns schenkt.

Wenn man jemanden sehr lieb hat, interessiert man sich für ihn. Man will ihn besser kennen lernen und schaut immer wieder gerne sein Bild an.

Um JESUS immer besser kennenzulernen, gibt es mehrere Wege:

- Der erste ist, dass wir in der **Bibel** lesen. Aus diesem Grund lesen Mütter ihren Kindern so gerne aus der Bibel vor.

- Ein anderer ist, dass wir den **Rosenkranz** beten, denn dabei betrachten wir das Leben JESU.

Den Rosenkranz zu beten bedeutet, gemeinsam mit Maria auf JESUS zu schauen.

Wer beim Rosenkranzgebet auf JESUS schaut, lernt IHN immer besser kennen und immer mehr lieben. Das ist eine sehr gute Sache!

Versuche, dir mit Hilfe des Bildes vom Rosenstrauß alle zwanzig Geheimnisse des Rosenkranzes zu merken!

Es wäre ganz fabelhaft, wenn du bei jedem einzelnen etwas über JESUS erzählen könntest! Wie war das beispielsweise, als der Engel Gabriel zu Maria kam oder als Maria zu Elisabeth eilte?

Im freudenreichen Rosenkranz betrachten wir
das verborgene Leben JESU.
Es ‚dauerte' dreißig Jahre lang.

① den du, o Jungfrau, vom Heiligen Geist empfangen hast
② den du, o Jungfrau, zu Elisabeth getragen hast
③ den du, o Jungfrau, geboren hast
④ den du, o Jungfrau, im Tempel aufgeopfert hast
⑤ den du, o Jungfrau, im Tempel wiedergefunden hast

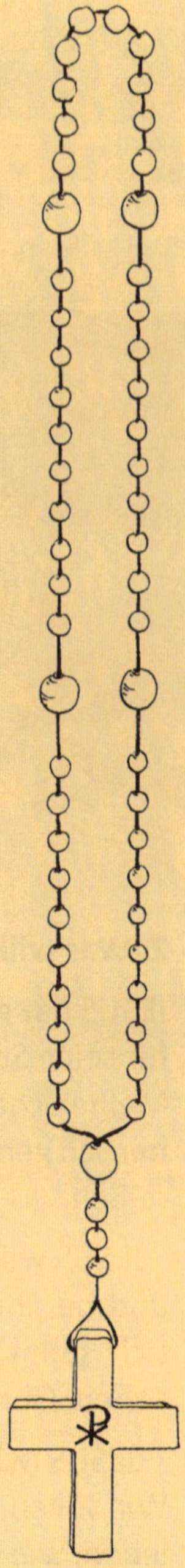

Im lichtreichen Rosenkranz betrachten wir
das öffentliche Leben JESU.
Es ‚dauerte' drei Jahre lang.

① der von Johannes getauft worden ist
② der sich bei der Hochzeit in Kana offenbart hat
③ der uns das Reich Gottes verkündet hat
④ der auf dem Berg verklärt worden ist
⑤ der uns die Eucharistie geschenkt hat

Im schmerzreichen Rosenkranz betrachten wir
das Leiden JESU.
Es ‚dauerte' drei Tage lang.

① der für uns Blut geschwitzt hat
② der für uns gegeißelt worden ist
③ der für uns mit Dornen gekrönt worden ist
④ der für uns das schwere Kreuz getragen hat
⑤ der für uns gekreuzigt worden ist

Im glorreichen Rosenkranz betrachten wir
die Verherrlichung JESU.
Sie ‚dauert' die ganze Ewigkeit!

① der von den Toten auferstanden ist
② der in den Himmel aufgefahren ist
③ der uns den Heiligen Geist gesandt hat
④ der dich, o Jungfrau, in den Himmel aufgenommen hat
⑤ der dich, o Jungfrau, im Himmel gekrönt hat

2. Was will JESUS?

JESUS hat gesagt: „Ich bin der gute Hirt. Der gute Hirt gibt sein Leben für seine Schafe. Ich kenne die Meinen, und die Meinen kennen mich. Meine Schafe hören auf meine Stimme. Ich kenne sie, und sie folgen mir. Ich gebe ihnen ewiges Leben. Niemand wird sie meiner Hand entreißen." (Joh 10)

• JESUS will *für uns*, dass wir einmal zu ihm in den Himmel kommen und bei ihm ewig glücklich sind. Alles, wonach das Menschenherz sich sehnt, will er uns schenken. JESUS ist unser Licht und unser Leben. Ohne IHN gibt es kein Heil!

• JESUS will *von uns*, dass wir auf seine große Liebe antworten. Wir sollen IHM unser Herz öffnen, IHN lieben, IHM folgen und so leben, wie ER es uns lehrt!

Als man JESUS fragte, welches das größte und wichtigste Gebot sei, hat er geantwortet: „Du sollst den Herrn, deinen Gott, lieben aus deinem ganzen Herzen, aus deiner ganzen Seele, aus deiner ganzen Kraft und aus deinem ganzen Denken, und deinen Nächsten wie dich selbst.“ (Lk 10, 27)

Wer JESUS lieb hat, wird edel und gut in seinem Denken, Reden und Tun. Indem er Gutes tut, bereitet er dem Heiland Freude, schmückt sein Herz und sammelt Schätze im Himmel. - Willst du das nicht auch?

Es ist nicht immer leicht, das Gute zu tun. Manchmal muss man sich ein wenig überwinden. Dazu braucht man Kraft. Deshalb zeigt dir JESUS nicht nur, was gut ist, sondern er gibt dir auch die Kraft, es zu tun!

Wer, wie ein *gutes Schäflein,* auf seine Stimme hört, den führt er auf dem rechten Weg. Wer aber, wie ein kleines *dummes Schäflein,* dem guten Hirten nicht folgen will, der kommt schnell in große Gefahr.

Weil JESUS alle seine Schäflein liebt, geht er auch dem verlorenen nach und sucht es, bis er es findet. Er löst es aus den Dornen, heilt seine Wunden, nimmt es liebevoll auf seine Arme und trägt es wieder nach Hause.

Wie können wir erkennen, was gut ist?

Damit wir erkennen, was gut ist, hat Gott jedem Menschen ein *Gewissen* gegeben.

Was ist das Gewissen?

Das Gewissen ist die Stimme im Inneren deines Herzens, die dir das Gute zeigt und dich vor dem Bösen warnt.

Wenn du Böses tust, hast du ein *schlechtes Gewissen* und fühlst dich gar nicht gut. Wenn du aber Gutes tust, hast du ein *gutes Gewissen*. Dann bist du froh und glücklich. - Hast du das schon bemerkt?

Was musst du tun, damit dein Gewissen gut funktioniert?

Damit dein Gewissen gut funktioniert, musst du es bilden. Dabei will JESUS dir helfen!

Es gibt jeden Tag viele kleine Gelegenheiten, Gutes zu tun. Man muss sie nur entdecken. Bitte JESUS, dass er sie dir zeigt!

Hast du Ideen, was du als Erstkommunionkind Gutes tun könntest? Vervollständige die Liste unten!

- Meine Pflichten gut erfüllen, ordentlich sein und eifrig lernen.
- Ganz freiwillig etwas tun und Mutter oder Vater von selbst fragen: „Kann ich dir etwas helfen?"
- Den Eltern gehorchen: gern, geschwind, genau.
- Zu Schwächeren gut sein, Traurige trösten und Kranke besuchen.
- Frieden stiften, sich nicht ärgern lassen und schnell verzeihen.
- Bei Schwierigkeiten nicht jammern, sondern Mühsames dem lieben Gott aufopfern.
- Für alle beten, die JESUS nicht kennen.

Erforsche jeden Abend dein Gewissen!

- Hast du aus Liebe zu JESUS etwas Gutes getan oder ein kleines Opfer gebracht? Ist es dir gelungen, gut zu sein? Dann freue dich und male eine Blüte oder ein Blättchen farbig aus!
- Hast du eine Sünde begangen? Dann bitte Gott um Verzeihung und mache einen guten Vorsatz für den nächsten Tag!

3. JESUS offenbart sich (Joh 2, 1-11)

Nachdem JESUS dreißig Jahre lang verborgen in Nazareth gelebt hatte, begann er öffentlich zu wirken. Zuerst hat er zwölf Jünger berufen, die er auch Apostel nannte. Einige von ihnen waren Fischer am See Genezareth. JESUS hat jeden einzelnen angeschaut und zu ihm gesagt: „Folge mir nach!“

Die allererste Erstkommunion, die es jemals gab, war die der zwölf Apostel. Sie empfingen ihre erste heilige Kommunion am Gründonnerstag, beim Letzten Abendmahl. Auf dieses große Ereignis hat JESUS sie drei Jahre lang gründlich vorbereitet.

Das war der Unterricht der Apostel:

- Sie durften immer bei JESUS sein.
- Sie durften alles sehen, was JESUS getan hat.
- Sie durften alles hören, was JESUS gelehrt hat.

Begonnen hat der Erstkommunionunterricht der Apostel in einem Dorf namens Kana in Galiläa, denn hier hat JESUS sein erstes Wunder gewirkt.

Es fand dort eine große Hochzeit statt, und Maria, die Mutter JESU, war dabei. Auch JESUS und seine Jünger waren zur Hochzeit eingeladen.

Plötzlich ging der Wein aus. Da sagte seine Mutter zu JESUS: „Sie haben keinen Wein mehr." JESUS antwortete ihr: „Frau, was willst du von mir? Noch ist meine Stunde nicht gekommen."

Da sagte seine Mutter zu den Dienern: „Was er euch sagt, das tut!"

Es standen dort sechs steinerne Wasserkrüge, wie die Juden sie für ihre Reinigungen brauchten. JESUS sagte zu den Dienern: „Füllt die Krüge mit Wasser!" Und sie füllten sie bis zum Rand.

Dann sagte JESUS zu ihnen: „Schöpft jetzt davon und bringt es dem Speisemeister!" Sie brachten es ihm. Als der Speisemeister von dem Wasser kostete, das zu Wein geworden war, wusste er nicht, woher der Wein kam. Die Diener aber, die das Wasser geschöpft hatten, wussten es. Da rief der Speisemeister den Bräutigam herbei und sagte zu ihm: „Jeder setzt zuerst den guten Wein vor, und wenn die Gäste getrunken haben, den weniger guten. Du aber hast den guten Wein bis jetzt aufbewahrt!"

So machte JESUS den Anfang seiner Wunder und offenbarte seine Herrlichkeit, und seine Jünger glaubten an ihn.

Was ist ein Wunder?

Ein Wunder ist etwas, was die Ordnung der Natur völlig übersteigt. Deshalb sind Wunder immer *über*natürlich. Nur Gott kann Wunder wirken, weil Gott allein allmächtig ist.

Indem JESUS viele Wunder gewirkt hat, hat er seinen Aposteln gezeigt, wer er ist: Er offenbarte seine Herrlichkeit!

Seine Apostel und Jünger haben das gesehen, und sie haben an ihn geglaubt. Sie waren fest davon überzeugt, dass JESUS wirklich der Sohn Gottes ist und dass er allmächtig ist.

Woran konnten die Apostel nun umso leichter glauben?

Nachdem sie das Wunder der Verwandlung bei der Hochzeit zu Kana gesehen hatten, konnten die Apostel umso leichter daran glauben, dass JESUS auch Brot in seinen heiligen Leib und Wein in sein kostbares Blut verwandeln kann.

Warum hat JESUS sich noch geoffenbart?

Wenn man einen Menschen wirklich kennen will, muss man ihn nicht nur von außen, sondern auch von innen kennen. Was einer *denkt* und was er *will*, ist uns verborgen. Man kann es nur wissen, wenn er es offenbart.

Wer JESUS nur *von außen* kennt, der kennt ihn nicht wirklich.

- JESUS will, dass wir ihn auch *von innen* kennen!
- JESUS will, dass wir wissen, was er denkt und was er will!

Deshalb hat sich JESUS uns geoffenbart!

Und warum will er, dass wir ihn kennen?

- JESUS will unser Freund sein!
- JESUS will, dass wir ihn lieben!

Einen besseren Freund als JESUS kann man sich gar nicht vorstellen. JESUS ist unendlich liebenswert, und er ist treu. Für uns ist es ganz wunderbar, dass wir in inniger Freundschaft mit JESUS leben dürfen!

Wer ist Maria?

Maria ist die Mutter JESU, und JESUS ist Gott. Deshalb nennen wir Maria die Mutter Gottes.

Um Mensch zu werden, hat er sich die beste aller Frauen zur Mutter erwählt. Damit sie würdig sei, den Sohn Gottes unter ihrem Herzen zu tragen, hat er sie schon im allerersten Augenblick ihres Daseins vor jedem Makel der Erbsünde bewahrt. Man nennt das die *Unbefleckte Empfängnis*. Weil Maria ganz rein und makellos ist, heißt sie die *Immaculata*.

Maria hat auf diese große Gnade geantwortet, indem sie sich ganz und gar Gott geweiht hat: Sie wollte *immerwährende Jungfrau* sein, um mit Seele und Leib ganz Gott zu gehören.

Als der Engel Gabriel bei Maria eintrat, sagte er voll Ehrfurcht: „Gegrüßet seist du, voll der Gnade! Der Herr ist mit dir."

Bei ihrer Begegnung mit Elisabeth sprach Maria: „Hochpreiset meine Seele den Herrn, und mein Geist frohlockt in Gott, meinem Retter! Denn auf die Demut seiner Magd hat er geschaut. Siehe, von nun an werden mich selig preisen alle Geschlechter, denn der Mächtige hat Großes an mir getan, und sein Name ist heilig."

Durch Maria ist Gott Mensch geworden. Sollte es uns da verwundern, dass JESUS auf ihre Fürsprache hin sein erstes Wunder wirken wollte?

Wir preisen Maria selig und freuen uns sehr, dass sie auch unsere Mutter ist!

4. JESUS kann wunderbares Brot geben (Joh 6, 1-15 / Mt 14, 13-21)

Einmal war JESUS am Ufer des Sees Genezareth, und es folgte ihm eine große Menschenmenge. Da stieg JESUS auf einen Hügel, setzte sich dort nieder und lehrte das Volk.

Als nun JESUS die vielen Menschen sah, fragte er den Apostel Philippus: „Wo werden wir Brot kaufen, damit alle zu essen haben?" Er sagte dies, um ihn auf die Probe zu stellen, denn JESUS wusste, was er tun wollte. Philippus antwortete ihm: „Brot für zweihundert Denare reicht für sie nicht aus, wenn jeder auch nur ein kleines Stück bekommen soll."

Da sagte einer seiner Jünger, Andreas, der Bruder des Simon Petrus: „Hier ist ein Knabe, der hat fünf Gerstenbrote und zwei Fische. Doch was ist das für so viele?"

Es gab viel Gras an dem Ort, wo sie waren, und JESUS sagte: „Lasst die Leute sich lagern!" Es waren etwa fünftausend Männer mit ihren Frauen und ihren Kindern.

Da nahm JESUS die Brote, sprach darüber den Segen, brach sie und verteilte sie; ebenso auch von den Fischen, so viel sie wollten.

Nachdem alle Leute satt geworden waren, gebot JESUS seinen Jüngern: „Sammelt die übrig gebliebenen Stücke!" Da füllten sie zwölf Körbe mit den Resten von den fünf Gerstenbroten.

Als die Leute das Wunder sahen, das JESUS gewirkt hatte, glaubten viele an ihn.

Warum kamen die vielen Menschen zu JESUS?

Die vielen Menschen kamen zu JESUS, weil sie ihn hören wollten. Das war ihnen wichtiger als alles andere. Seine Worte berührten sie und drangen direkt in ihr Herz. Während sie ihm zuhörten, waren sie so glücklich, dass sie sogar das Essen vergaßen. Ihre Seelen waren hungriger als ihre Mägen, denn: „Nicht vom Brot allein lebt der Mensch."

Um bei JESUS zu sein, haben die Menschen Opfer gebracht.

Willst auch du bei JESUS sein und auf ihn hören? Dann sei auch du bereit, aus Liebe zu JESUS kleine Opfer zu bringen!

Was hat JESUS durch die wunderbare Brotvermehrung gezeigt?

Durch die wunderbare Brotvermehrung hat JESUS gezeigt, wie sehr er die Menschen liebt.

Gott sorgt für die Vöglein des Himmels. Er sorgt auch für uns Menschen und will unser Heil für Seele und Leib.

JESUS hat gesagt, dass der Vater im Himmel weiß, was wir zum Leben brauchen, und dass er es uns gerne gibt, wenn wir ihn vertrauensvoll darum bitten.

Worauf weist das Wunder hin?

Die wunderbare Brotvermehrung weist über sich selbst hinaus, denn JESUS will uns nicht nur gewöhnliches Brot geben, sondern sich selbst.

Damals konnten die Leute das noch nicht verstehen, denn sie kannten ja noch nicht das allerheiligste Sakrament des Altares, die heilige Kommunion.

Deshalb hat JESUS sie darauf vorbereitet. Er wollte, dass sie an ihn glauben und fest auf ihn vertrauen.

Wie JESUS so viele Menschen mit fünf Broten und zwei Fischen wunderbar gespeist hat, so will und kann er unsere Seelen im allerheiligsten Sakrament des Altares ganz wunderbar nähren!

Warum wollte JESUS, dass die übrigen Stücklein aufgehoben werden?

Indem so viel übrig blieb, dass sogar noch zwölf Körbe mit den aufgehobenen Stücklein gefüllt werden konnten, wollte JESUS zeigen, dass er den Menschen seine Gaben überreich gibt.

Er wollte aber ebenso zeigen, dass wir auch mit dem gewöhnlichen Brot, das wir täglich essen, ehrfürchtig umgehen sollen. Wir sollen sorgsam darauf achten, dass nichts verdirbt.

Und wenn das schon vom gewöhnlichen Brot gilt - um wie viel mehr gebührt dann JESUS in der heiligen Hostie allerhöchste Ehrfurcht!

Aus diesem Grund achtet der Priester sehr sorgfältig darauf, dass beim Austeilen der heiligen Kommunion gar nichts verloren geht.

5. JESUS kann wunderbar gegenwärtig sein (Mt 14, 22-33; vgl. Joh 6, 16-21)

Als nach der wunderbaren Brotvermehrung die vielen Menschen nach Hause gegangen waren, ging der Erstkommunionunterricht für die Apostel weiter.

Es war noch am selben Tag, am Abend nach der wunderbaren Brotvermehrung. JESUS sagte den Aposteln nicht, was er tun wollte, sondern drängte sie, in ein Boot zu steigen und über den See nach Kapharnaum zu fahren. Er selbst blieb allein am Ufer, um zu beten.

In der Zwischenzeit war es dunkel geworden. Die Apostel hatten große Mühe, vorwärts zu kommen, denn es gab sehr hohe Wellen auf dem See, und es blies ihnen ein starker Wind entgegen.

Als sie schon ein gutes Stück gefahren waren, sahen sie plötzlich JESUS, wie er über den See ging und sich dem Boot näherte. Da fürchteten sie sich, denn sie meinten ein Gespenst zu sehen.

JESUS rief ihnen zu: „Fürchtet euch nicht! Ich bin es."

Da sagte der Apostel Petrus: „Herr, wenn Du es bist, so befiehl, dass ich über das Wasser zu Dir komme." JESUS erwiderte ihm: „Komm!"

Petrus stieg aus dem Boot und ging über das Wasser auf JESUS zu. Als er aber den starken Wind bemerkte und die hohen Wellen sah, fürchtete er sich. Und sogleich begann er zu sinken. Da schrie Petrus: „Herr, rette mich!" Sofort streckte JESUS seine Hand aus, ergriff ihn und sagte: „Du Kleingläubiger! Warum hast du gezweifelt?"

Die Jünger im Boot aber fielen vor JESUS nieder, beteten ihn an und sagten: „Wahrhaftig, Du bist Gottes Sohn!"

Als sie JESUS zu sich ins Boot nahmen, legte sich der Wind, und schon kamen sie ans Ufer, zu dem sie unterwegs waren.

Warum hat JESUS den Aposteln nicht gesagt, was er tun würde?

Genau wie bei der Hochzeit zu Kana und der wunderbaren Brotvermehrung hat JESUS zunächst nicht gesagt, was er tun würde.

Auch eine Mutter kann ihrem Kind nicht immer alles sofort erklären. Für manche Dinge ist das Kind im Moment noch zu klein, und vieles wird es später viel besser verstehen. Ein Kind vertraut darauf, dass das, was die Mutter tut, gut für es ist. Das Kind folgt der Mutter, weil sie die Mutter ist.

Ebenso sollten die Apostel lernen, ganz fest auf JESUS zu vertrauen.

Sie folgen ihm, weil er der Meister ist.

Warum konnte JESUS über das Wasser gehen?

Die Bootsfahrt nach Kapharnaum war für die Apostel sehr mühsam, denn es war dunkel geworden, und sie mussten gegen Wind und Wellen kämpfen. JESUS aber ging ganz leicht und unbeschwert über das Wasser.

JESUS konnte über das Wasser gehen, weil er Gott ist. Ihm gehorchen sogar Wind und Wellen.

Was JESUS sagt, das kann er wirklich machen. Er ist allmächtig. Ein einziges Wort von ihm genügt!

Was wollte JESUS den Aposteln zeigen?

Wie JESUS bei Hochzeit zu Kana gezeigt hat, dass er auf wunderbare Weise verwandeln kann, und wie er bei der Brotvermehrung gezeigt hat, dass er auf wunderbare Weise Brot geben kann, so hat er nun den Aposteln gezeigt, dass er auf wunderbare Weise gegenwärtig sein kann.

Für den Erstkommunionunterricht der Apostel war das wichtig, denn nachdem die Apostel all das erlebt hatten, konnten sie ganz fest daran glauben, dass JESUS auch in der heiligen Kommunion wahrhaft und wirklich gegenwärtig ist. - Und das glauben auch wir!

Was können wir vom hl. Apostel Petrus lernen?

Als der hl. Apostel Petrus aus dem Boot stieg, gab er einen schönen Beweis von seinem großen Vertrauen auf den Heiland.

• Solange Petrus fest auf JESUS schaute, konnte er sicher über das Wasser gehen.

• Als er dann aber den Sturm bemerkte und mehr auf die hohen Wellen sah, verlor er das Vertrauen, und sogleich begann er zu sinken.

• Nun tat er genau das Richtige. Er rief: „Herr, rette mich!“ Da nahm ihn JESUS bei der Hand.

Wir können daraus lernen, dass wir uns gar nie fürchten müssen.

Im Leben gibt es manchmal Dinge, die wie ein Sturm sind und die uns ziemlich schütteln können. Wenn solch ein ‚Sturm‘ uns trifft, sollten wir nicht so sehr auf die ‚Wellen‘ achten. Egal was auch geschieht: Es kann uns nichts passieren, wenn wir auf JESUS schauen und fest auf IHN vertrauen!

6. JESUS ist das Brot des Lebens (Joh 6, 22-71)

Am nächsten Morgen bemerkten die Leute, dass weder JESUS noch seine Jünger da waren. Deshalb stiegen sie in ihre Boote und fuhren hinüber nach Kapharnaum, um ihn dort zu suchen. Als sie ihn fanden, fragten sie ihn: „Meister, wann bist Du hierher gekommen?"

JESUS antwortete ihnen: „Ihr sucht mich, weil ihr von den Broten gegessen habt und satt geworden seid. Müht euch nicht um die vergängliche Speise, sondern um die Speise, die bleibt für das ewige Leben und die der Menschensohn euch geben wird."

Weiter hat JESUS die folgenden wunderbaren Worte gesagt (Joh 6, 22 ff.):

- „Ich bin das Brot des Lebens. Wer zu mir kommt, wird nicht mehr hungern, und wer an mich glaubt, wird nicht mehr dürsten."

- „Ich bin vom Himmel herabgekommen, nicht um meinen Willen zu tun, sondern den Willen dessen, der mich gesandt hat. Das aber ist der Wille dessen, der mich gesandt hat, dass ich keinen von denen, die er mir gegeben hat, verliere, sondern dass ich sie auferwecke am Jüngsten Tag."

- „Das ist der Wille meines Vater, dass jeder, der den Sohn sieht und an ihn glaubt, das ewige Leben hat und dass ich ihn auferwecke am Jüngsten Tag."

- „Ich bin das lebendige Brot, das vom Himmel herabgekommen ist. Wer von diesem Brot isst, wird leben in Ewigkeit. Das Brot, das ich geben werde, ist mein Fleisch für das Leben der Welt."

Da stritten die Leute untereinander und sagten: „Wie kann dieser uns sein Fleisch zu essen geben?"

JESUS antwortete ihnen: „Wahrlich, wahrlich, ich sage euch: Wer mein Fleisch isst und mein Blut trinkt, hat das ewige Leben, und ich werde ihn auferwecken am Jüngsten Tag. Denn mein Fleisch ist eine wahre Speise, und mein Blut ist ein wahrer Trank. Wer mein Fleisch isst und mein Blut trinkt, der bleibt in mir und ich in ihm. Wer mich isst, wird durch mich leben. Dies ist das Brot, das vom Himmel herabgekommen ist. Wer dieses Brot isst, wird leben in Ewigkeit."

Viele von denen, die diese Worte hörten, sagten: „Diese Rede ist hart, wer kann sie anhören?" Und sie zogen sich zurück.

Auch einige seiner Jünger gingen nicht mehr mit JESUS.

Da fragte JESUS die zwölf Apostel: „Wollt auch ihr gehen?"

Darauf hat der hl. Apostel Petrus eine ganz wunderbare Antwort gegeben. Er sagte: „Herr, zu wem sollen wir gehen? Du allein hast Worte des ewigen Lebens. Wir haben erkannt und glauben, dass Du der Heilige Gottes bist!"

Wovon spricht JESUS in Kapharnaum?

JESUS spricht von der heiligen Kommunion. Deshalb nennt man das, was JESUS in Kapharnaum gesagt hat, auch die ‚eucharistische Rede'.

Die heilige Kommunion ist ein wunderbares und unfassbar großes Geheimnis der Liebe Gottes!

Es wäre ganz fabelhaft, wenn es dir gelänge, die Worte JESU in dein Herz einzuprägen und sie auswendig zu lernen.

Was bedeutet das Wort ‚Kommunion'?

Das Wort ‚Kommunion' kommt vom lateinischen Wort ‚communio', und das bedeutet ‚Gemeinschaft'.

Was geschieht in der heiligen Kommunion?

Durch die heilige Kommunion gelangen wir zur innigsten Gemeinschaft mit JESUS.

Wir dürfen IHN in der heiligen Hostie empfangen und werden so mit IHM vereint!

Warum will JESUS mit uns vereint sein?

JESUS will mit uns vereint sein, weil er uns sehr liebt und weil er uns das ewige Leben schenken will.

Wenn man jemanden sehr lieb hat, hat man gerne Gemeinschaft mit ihm. So ist das unter Freunden!

Wie haben damals viele Menschen reagiert?

Damals haben sich viele zurückgezogen und wollten nicht mehr mit JESUS gehen, weil das, was er gesagt hat, für sie nicht einfach zu verstehen war.

Sogar für die Apostel war es ziemlich schwierig.

Was haben die Apostel getan?

Die Apostel haben JESUS vertraut und seinen Worten geglaubt.

JESUS selbst hat sie ja gut vorbereitet, denn sie sind dabei gewesen

- bei der Hochzeit zu Kana,
- bei der wunderbaren Brotvermehrung
- und beim Wandeln auf dem See.

In vielen Wundern haben sie seine Herrlichkeit gesehen. Sie wussten, wer er ist und dass er wirklich tun kann, was er sagt.

Die Antwort, die der hl. Apostel Petrus im Namen aller Apostel gegeben hat, war so schön, dass wir ihm dafür sehr dankbar sind!

Und was tust du?

Schließe dich dem Glauben der Apostel an und sprich aus ganzem Herzen:

- JESUS, ich vertraue auf Dich!
- JESUS, ich glaube, was Du sagst!
- JESUS, lass mich in Dir sein, und sei Du in mir!
- JESUS, komm in der heiligen Kommunion in mein Herz!
- JESUS, lass mich Dich würdig empfangen!
- JESUS, lass mich zu Dir in den Himmel kommen!

7. Das Letzte Abendmahl (Mt 26, 26-28; Lk 22, 14-20; Joh 13, 34 f.; 1 Kor 11, 23-26)

Der Karfreitag ist der Tag, an dem sich JESUS zur Ehre des himmlischen Vaters und für das Heil der Menschen am Kreuz geopfert hat. Dieses sein Kreuzesopfer hat JESUS am Gründonnerstag, beim Letzten Abendmahl, auf geheimnisvolle Weise vorweggenommen.

JESUS sagte zu den Aposteln: ① „Sehnlichst habe ich danach verlangt, dieses Mahl mit euch zu essen, bevor ich leide."

Während des Mahles sprach JESUS: ② „Ein neues Gebot gebe ich euch, dass ihr einander liebt. Wie ich euch geliebt habe, so sollt auch ihr einander lieben. Daran sollen alle erkennen, dass ihr meine Jünger seid."

Und JESUS nahm Brot in seine heiligen und ehrwürdigen Hände, erhob seine Augen zum Himmel, sagte Dank, segnete es, brach es und gab es seinen Jüngern mit den Worten: ③ „Nehmet hin und esset alle davon, denn das ist mein Leib."

Ebenso nahm er nach dem Mahl den Kelch mit Wein, sagte Dank, segnete ihn und sprach: ④ „Nehmet hin und trinket alle daraus, denn das ist der Kelch meines Blutes, des neuen und ewigen Bundes, das für euch und für viele vergossen wird zur Vergebung der Sünden."

Zu den Aposteln aber sagte JESUS: ⑤ „Tut dies zu meinem Gedächtnis!"

Dann empfingen die Apostel in tiefer Ehrfurcht ihre erste heilige Kommunion. Drei Jahre lang hatte JESUS sie darauf vorbereitet!

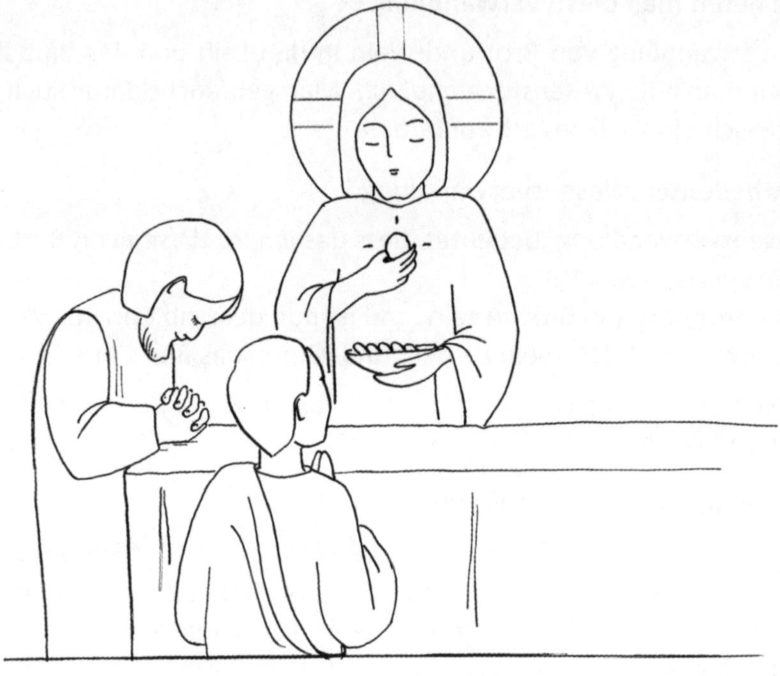

Wie hat JESUS uns seine Liebe gezeigt?

JESUS hat uns seine Liebe gezeigt, indem er sich selbst für uns hingegeben hat.

Welches neue Gebot hat JESUS gegeben?

JESUS hat geboten, dass wir einander so lieben, wie er uns geliebt hat. Daran sollen alle erkennen, dass wir seine Jünger sind.

Was geschah, als JESUS sagte: „Das ist mein Leib"?

Bei den Worten „Das ist mein Leib" hat JESUS das Brot in seinen heiligen Leib verwandelt.

Was geschah, als JESUS sagte: „Das ist der Kelch meines Blutes"?

Bei den Worten „Das ist der Kelch meines Blutes" hat JESUS den Wein in sein kostbares Blut verwandelt.

Wie nennt man diese Verwandlung?

Die Verwandlung von Brot und Wein in den Leib und das Blut JESU nennt man eine *Wesensverwandlung*. Man gebraucht dafür auch das lateinische Wort *Transsubstantiation*.

Was bedeutet ‚Wesensverwandlung'?

‚Wesensverwandlung' bedeutet, dass das *innere Wesen* von Brot und Wein verwandelt wird:

- Das Brot hört auf, Brot zu sein, und ist nun der Leib Christi.
- Der Wein hört auf, Wein zu sein, und ist nun das Blut Christi.

Obwohl das *innere Wesen* sich ändert, bleibt die *äußere Gestalt* von Brot und Wein völlig unverändert.

Was gehört zur äußeren Gestalt?

Zur *äußeren Gestalt* gehört alles, was wir mit den fünf Sinnen wahrnehmen, nämlich was wir sehen, hören, riechen, schmecken und ertasten können. Das *innere Wesen* aber ist für unsere leiblichen Augen unsichtbar.

Wer war nun unter den Gestalten von Brot und Wein gegenwärtig?

Verborgen unter den Gestalten von Brot und Wein war nach der Verwandlung JESUS selbst gegenwärtig.

Was haben die Apostel getan?

Die Apostel haben fest geglaubt. Mit tiefer Ehrfurcht und großer Freude empfingen sie beim Letzten Abendmahl ihre erste heilige Kommunion.

Warum haben die Apostel fest geglaubt?

Die Apostel haben fest geglaubt, weil JESUS selbst es gesagt hat und weil sie unerschütterlich auf ihn vertrauten.

Was konnten die Apostel nun viel besser verstehen?

Die Apostel konnten nun viel besser verstehen, was JESUS gemeint hat, als er in Kapharnaum sagte: „Mein Fleisch ist eine wahre Speise, und mein Blut ist ein wahrer Trank. Wer mein Fleisch isst und mein Blut trinkt, der bleibt in mir und ich in ihm. Wer mich isst, wird durch mich leben. Wer dieses Brot isst, wird leben in Ewigkeit."

Das folgende Gebet zu dem in der heiligen Hostie verborgenen JESUS stammt vom hl. Thomas von Aquin:

JESUS, den verborgen
jetzt mein Auge sieht,
stille mein Verlangen,
das mich heiß durchglüht.
Lass die Schleier fallen
einst in Deinem Licht,
dass ich selig schaue,
Herr, Dein Angesicht.
Amen.

8. JESUS macht die Apostel zu Priestern

Was JESUS beim Letzten Abendmahl getan hat, war nicht nur für damals bestimmt. Weil JESUS alle Menschen liebt, will er allen Anteil an seinem heiligen Leib und seinem kostbaren Blut geben.

Deshalb wollte JESUS, dass auch die Apostel Brot und Wein verwandeln können. Er hat ihnen den Auftrag und die Vollmacht gegeben, dasselbe zu tun, was er getan hat, indem er zu ihnen sprach: „Tut dies zu meinem Gedächtnis!"

Ähnlich, wie JESUS das Brot in seinen heiligen Leib und den Wein in sein kostbares Blut verwandelt hat, hat er auch die Apostel gleichsam verwandelt: JESUS hat in ihre Seelen das unauslöschliche Merkmal seines Priestertums eingeprägt und sie so zu Priestern gemacht!

Die Apostel haben die priesterliche Vollmacht an andere fromme Männer weitergegeben. Sie haben über sie gebetet, ihnen die Hände aufgelegt und sie zu *Bischöfen* geweiht.

Später haben die Bischöfe nicht nur immer neue Bischöfe als ihre *Nachfolger* geweiht. Auch *Priester* haben sie geweiht und sie zu ihren *Helfern* bestellt.

Durch das Weihesakrament bleibt die priesterliche Vollmacht JESU zu allen Zeiten in der Kirche gegenwärtig!

Wodurch wird die priesterliche Vollmacht verliehen?

Die priesterliche Vollmacht wird durch das Weihesakrament verliehen. Zur Spendung des Weihesakramentes legt ein Bischof dem, der es empfängt, unter Gebet die Hände auf. Dabei wird in die Seele des Empfängers das unauslöschliche Zeichen des Priestertums JESU eingeprägt. So ist er auf ganz besondere Weise mit JESUS verbunden.

Worin besteht die priesterliche Vollmacht?

Die priesterliche Vollmacht besteht darin, das Priestertum JESU ausüben zu können.

In wie vielen Stufen wird das Weihesakrament gespendet?

Obwohl es nur *ein* Weihesakrament gibt, unterscheidet man darin doch drei Stufen, nämlich die Weihe zum *Bischof*, die Weihe zum *Priester* und die Weihe zum *Diakon*.

Was sind die Bischöfe?

Die Bischöfe sind die *Nachfolger der Apostel*. Sie sind im Vollbesitz der priesterlichen Gewalt. Das heißt: Sie besitzen alle Vollmachten, die im Weihesakrament enthalten sind. Deshalb können sie auch neue Bischöfe und neue Priester weihen.

Was sind die Priester?

Die Priester sind die *Helfer der Bischöfe*. Sie haben Anteil an der priesterlichen Gewalt. Sie bringen das heilige Messopfer dar, spenden das Bußsakrament (die heilige Beichte) und salben die Kranken. Sie haben aber nicht die Vollmacht, neue Priester zu weihen.

Was sind die Diakone?

Die Diakone sind die *Helfer der Priester*. Sie predigen, spenden die heilige Taufe und bringen den Kranken die heilige Kommunion. Sie haben aber nicht die Vollmacht, das heilige Messopfer darzubringen, das Bußsakrament zu spenden oder Kranke zu salben.

Wie ist die priesterliche Vollmacht bis zu uns gelangt?

Seit dem Letzten Abendmahl bis heute wurden immer wieder neue Bischöfe und Priester geweiht. So ist die priesterliche Vollmacht durch eine ununterbrochene Reihe von Handauflegungen bis zu uns gelangt. Man nennt das die *Apostolische Sukzession*.

Es ist wie bei einer Quelle, aus der frisches Wasser fließt. Wenn man dieses Wasser in ein Rohr leitet und an dieses Rohr immer neue Rohre ansetzt, ohne dass es je unterbrochen wird, dann fließt durch all diese Rohre hindurch immer dasselbe frische Wasser.

Die Quelle ist JESUS: Von ihm her kommt alle priesterliche Vollmacht!

In welchem Augenblick ist ein Priester am allermeisten Priester?

Ein Priester ist am allermeisten Priester, wenn er in der heiligen Messe die heilige Wandlung vollzieht. Dann bringt JESUS sich durch die Hände des Priesters zum Opfer dar.

Als Frucht des heiligen Messopfers empfangen wir das *Sakrament des Altares.* Das ist die heilige Kommunion.

Warum sollen wir um gute Priester beten?

Es ist für die Kirche sehr wichtig, gute Priester zu haben, die eifrig das Wort Gottes verkünden und stets bereit sind, den Gläubigen die Sakramente zu spenden.

Deshalb hat JESUS gesagt, dass wir um Priester beten sollen (Mt 9, 38).

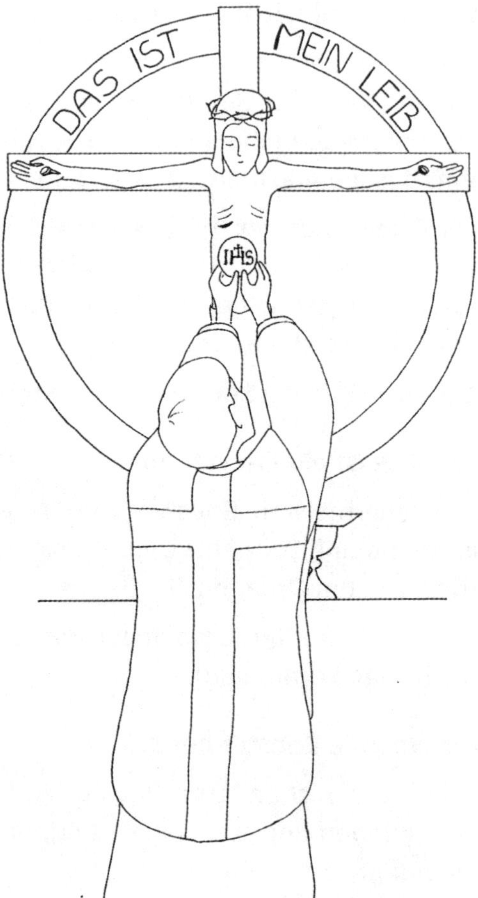

9. Die heilige Wandlung

Die heilige Wandlung ist der wichtigste Augenblick und der Höhepunkt der ganzen heiligen Messe.

Nach dem „Heilig, heilig, heilig" knien alle nieder, der Priester verrichtet ganz leise einige Gebete, und andächtige Stille erfüllt die Kirche. Wenn dann die heilige Wandlung unmittelbar bevorsteht, gibt ein Ministrant mit der Altarglocke ein Zeichen.

Der Priester ergreift mit den Fingerspitzen die Hostie. Nun leiht er JESUS seine Hände und seine Stimme. Genau wie JESUS damals, beim Letzten Abendmahl, erhebt er die Augen zum Himmel, neigt danksagend sein Haupt, segnet die Hostie, beugt sich darüber und spricht in tiefer Andacht: „Das ist mein Leib."

Gleich darauf beugt er anbetend sein Knie, denn jetzt ist JESUS da. Dann hält er die gewandelte Brotsgestalt hoch empor und zeigt IHN den Gläubigen. Alle schauen auf JESUS und beten IHN an.

Zum zweiten Teil der heiligen Wandlung neigt sich der Priester über den Kelch mit Wein und spricht: „Das ist der Kelch meines Blutes, des neuen und ewigen Bundes - Geheimnis des Glaubens -, das für euch und für viele vergossen wird zur Vergebung der Sünden."

Kaum hat er das gesagt, betet er mit gebeugtem Knie das kostbare Blut JESU an. Dann erhebt er auch den Kelch und zeigt ihn zur Anbetung den Gläubigen.

Die Erhebung des Leibes und Blutes JESU bei der heiligen Wandlung nennt man *Elevation*.

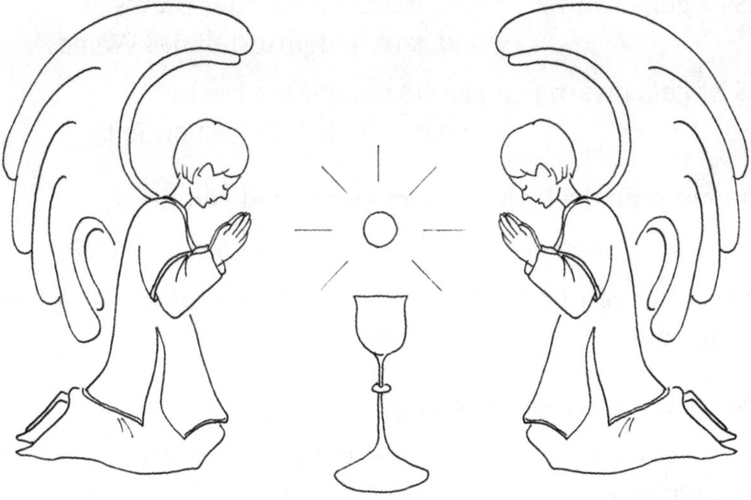

Was ist vor der heiligen Wandlung auf dem Altar?

Vor der heiligen Wandlung stehen auf dem Altar Brot und Wein zum Opfer bereit.

Was geschieht bei der heiligen Wandlung?

Bei der heiligen Wandlung wird das innere Wesen von Brot und Wein verwandelt.

- Das Brot hört auf, Brot zu sein, und ist nun der Leib Christi.
- Der Wein hört auf, Wein zu sein, und ist nun das Blut Christi.

Wer ist nach der heiligen Wandlung auf dem Altar gegenwärtig?

Nach der heiligen Wandlung ist JESUS unter den Gestalten von Brot und Wein mit seinem verklärten Leib gegenwärtig. Er ist wirklich da!

Wie ist JESUS gegenwärtig?

JESUS ist gegenwärtig	• mit Gottheit und Menschheit, • mit Fleisch und Blut, • mit Leib und Seele, • wahrhaft, wirklich und wesentlich.
JESUS ist gegenwärtig	• ganz in der Gestalt des Brotes • und ganz in der Gestalt des Weines.
JESUS ist gegenwärtig	• ganz in der ganzen Hostie • und ganz in jedem kleinen Teil.

Wie nennt man die kleinen Teilchen der heiligen Hostie?

Die kleinen Teilchen der heiligen Hostie nennt man Partikel.

Auch den kleinen Partikeln gebührt große Ehrfurcht, weil JESUS in jedem Teil der heiligen Hostie gegenwärtig ist.

Wie lange ist JESUS gegenwärtig?

JESUS ist so lange gegenwärtig, wie die Gestalten von Brot und Wein vorhanden sind.

Was bedeutet das Wort ‚Eucharistie'?

Eucharistie ist ein uraltes griechisches Wort, das bis in die Zeit JESU zurückreicht. Man muss nämlich wissen, dass zur Zeit JESU an vielen Orten griechisch gesprochen wurde. Übersetzt bedeutet es *Danksagung*.

Was bezeichnet man als Eucharistie?

Als Eucharistie bezeichnet man einerseits *die ganze heilige Messe*: das *eucharistische Opfer*.

Andererseits bezeichnet man als Eucharistie *die heilige Kommunion*: das *eucharistische Sakrament*.

- Wenn ich sage: „Ich feiere die heilige Eucharistie."
  dann bedeutet das: „Ich feiere die *heilige Messe*."
- Wenn ich sage: „Ich empfange die heilige Eucharistie."
  dann bedeutet das: „Ich empfange die *heilige Kommunion*."

Warum spricht man vom heiligen Messopfer?

Weil die heilige Messe das Opfer JESU ist, in dem er sich selber dem himmlischen Vater darbringt, ist es gut und richtig, vom heiligen *Messopfer* zu reden. Das wird später noch genauer erklärt.

Warum spricht man vom Sakrament des Altares?

Weil wir die heilige Kommunion als Frucht des heiligen Messopfers empfangen, das auf dem Altar dargebracht wird, nennt man sie auch das *Sakrament des Altares* oder einfach das *Altarsakrament*.

- Wenn ich sage: „Ich empfange das Altarsakrament."
  dann bedeutet das: „Ich empfange die *heilige Kommunion*."

Warum spricht man vom Allerheiligsten?

Weil es auf Erden nichts Heiligeres und nichts Größeres gibt als JESUS in der heiligen Kommunion, nennt man sie das *Allerheiligste* oder das *allerheiligste Altarsakrament*.

10. Der wunderbare Fischfang (Lk 5, 1-9)

Eines Tages stand JESUS am See Genezareth. Viel Volk umdrängte ihn, um das Wort Gottes zu hören.

JESUS sah zwei Boote am Ufer liegen. Die Fischer waren ausgestiegen, um ihre Netze zu reinigen. Da stieg JESUS in eines der Boote, das dem Petrus gehörte, und bat ihn, ein wenig vom Land wegzufahren. Dann setzte er sich und lehrte das Volk vom Boot aus.

Als JESUS seine Rede beendet hatte, sagte er zu Petrus: „Fahrt hinaus ins tiefe Wasser und werft dort die Netze zum Fang aus!“ Petrus antwortete ihm: „Meister, die ganze Nacht haben wir uns abgemüht und haben nichts gefangen. Doch auf Dein Wort hin will ich die Netze auswerfen.“

Sie taten es und fingen eine so große Menge Fische, dass ihre Netze zu zerreißen drohten. Da winkten sie ihren Gefährten im anderen Boot, sie sollten kommen und ihnen helfen. Sie kamen und füllten beide Boote, so dass sie beinahe sanken.

Als Petrus das sah, fiel er JESUS zu Füßen, betete ihn an und sprach: „Herr, geh weg von mir, denn ich bin ein sündiger Mensch!" Tiefe Ehrfurcht hatte ihn ergriffen sowie alle, die bei ihm waren.

Wo ist JESUS auf ganz besondere Weise gegenwärtig?

Im allerheiligsten Altarsakrament ist JESUS auf ganz besondere Weise gegenwärtig: mit Fleisch und Blut, mit Gottheit und Menschheit.

Wo wird das allerheiligste Altarsakrament aufbewahrt?

Das allerheiligste Altarsakrament wird im *Tabernakel* aufbewahrt.

Vor JESUS im Tabernakel sollen wir dieselbe Ehrfurcht haben wie der hl. Apostel Petrus beim wunderbaren Fischfang.

Welches ist das Zeichen seiner Gegenwart?

Weil man von außen nicht in den Tabernakel hineinschauen kann, brennt zum Zeichen dafür, dass JESUS im Tabernakel gegenwärtig ist, in der Nähe des Tabernakels bei Tag und Nacht das *ewige Licht*.

Was möchte das ewige Licht sagen?

Wenn das ewige Licht reden könnte, dann würde es sagen: JESUS ist hier gegenwärtig. Komm und bete IHN an!

Was bedeutet: JESUS anbeten?

JESUS anbeten bedeutet, sich an seiner Gegenwart zu freuen und IHN als Gott und Herrn zu ehren.

Können auch wir ein ‚ewiges Licht' sein?

Wenn wir JESUS lieben und zu seiner Ehre viel Gutes tun, dann sind wir wie ein Licht, das IHN vor den Menschen bezeugt (vgl. Mt 5, 16).

Wir ehren JESUS, indem wir in der Kirche ehrfürchtiges Schweigen bewahren und vor dem Tabernakel anbetend das Knie beugen.

So macht man eine *Kniebeuge*:

- Die Augen zum Tabernakel.
- Das rechte Knie auf den Boden.
- Im Herzen ein Gebet.

JESUS, ich grüße Dich,
Du aber segne mich!

Wenn in einer Kirche das Allerheiligste in der Monstranz zur Anbetung ausgesetzt ist, macht man eine ‚doppelte Kniebeuge'.

So macht man eine *doppelte Kniebeuge*:

- Die Augen auf die heilige Hostie in der Monstranz.
- Erst das rechte, dann auch noch das linke Knie auf den Boden.
- Eine tiefe Verneigung und im Herzen ein Gebet.

Mein Herr und mein Gott,
ich bete Dich an!

11. Eucharistische Wunder

Die Gegenwart JESU in der heiligen Kommunion können wir mit unseren leiblichen Augen nicht sehen. Wir glauben aber fest daran, weil JESUS selbst es gesagt hat. Das soll uns genügen!

Einmal sprach JESUS zu denen, die nicht an ihn glauben wollten: „Wenn ihr mir nicht glaubt, dann glaubt doch wenigstens den Werken, die ich tue, damit ihr zur Einsicht kommt!" (vgl. Joh 10, 37 f.)

Um unserem schwachen Glauben zu helfen, hat JESUS Wunder gewirkt und so seine wirkliche Gegenwart im Altarsakrament bestätigt. Einige dieser Wunder hat die Kirche geprüft und anerkannt.

Das Wunder von Bolsena

Am 11. August 1263 feierte der Priester Peter von Prag auf einer Pilgerfahrt nach Rom in der Kirche der hl. Christina in Bolsena die heilige Messe. Die Wallfahrt machte er, um von quälenden Zweifeln an der Wesensverwandlung befreit zu werden.

Nach der heiligen Wandlung sah er plötzlich, wie die heilige Hostie zu bluten begann und wie das Blut über das Korporale und über die Altartücher floss. Das Korporale und die Altartücher hat man in feierlicher Prozession zu Papst Urban IV. gebracht, der sich damals ganz in der Nähe aufhielt. Ein Jahr später hat derselbe Papst für die ganze Kirche das Fronleichnamsfest eingeführt.

Das Wunder von Lanciano

Im 8. Jahrhundert lebte in einem Kloster in Lanciano ein Mönch vom Orden des hl. Basilius. Auch ihn plagten große Zweifel an der Wesensverwandlung, und er betete viel, um davon befreit zu werden.

Eines Morgens bei der heiligen Messe, nachdem er die Worte der heiligen Wandlung über Brot und Wein gesprochen hatte, bemerkte er plötzlich, wie sich vor seinen Augen die heiligen Gestalten in Fleisch und Blut verwandelten. Sobald er dies sah, waren all seine Zweifel verschwunden.

Seit dem Jahr 1713 werden beide Gestalten in einer silbernen Monstranz verehrt.

Im oberen Teil, zwischen zwei Kristallen, sieht man die heilige Hostie aus Fleisch. Im unteren Teil befinden sich in einem Glas fünf Tropfen geronnenen Blutes.

Im Jahr 1981 hat der Bischof von Lanciano erlaubt, dass Professor Odoardo Linoli im Labor des Krankenhauses von Arezzo das Fleisch und das Blut wissenschaftlich genau untersucht.

Der Professor fand heraus, dass das Fleisch ein Teil eines Herzmuskels ist und dass sowohl das Fleisch als auch das Blut von einem lebendigen Menschen sind.

12. Die sieben Sakramente

Als JESUS auf Erden lebte, kamen die Leute von überall her. Sie wollten nicht nur hören, was JESUS sagt. Auch kranke und leidende Menschen hat man zu IHM gebracht, damit er sie berühre und sie heile.

JESUS hat gemacht, dass Blinde wieder sehen, Taube wieder hören, Stumme wieder reden und Lahme wieder gehen konnten. Er hat Aussätzige rein gemacht, böse Geister ausgetrieben und sogar Tote auferweckt.

Was JESUS damals getan hat, das tut er noch heute. Aber er tut es auf andere Weise: Er hat die Kirche gegründet, um bei uns zu sein bis ans Ende der Welt, und er hat sieben Sakramente eingesetzt, um fortan durch sie die Menschen zu berühren.

Durch die Sakramente will JESUS uns seine Gnade schenken, damit wir Gemeinschaft mit IHM haben.

Unsere Gemeinschaft mit JESUS

- hat *begonnen* in der Taufe und in der Firmung,
- sie wird *vertieft* in jeder Beichte und in jeder heiligen Kommunion,
- und sie wird einmal *vollendet* im Himmel.

Im Himmel dürfen wir JESUS von Angesicht zu Angesicht schauen. Dann werden wir für immer bei IHM sein. Das ist solch ein großes Glück, dass wir es uns jetzt noch gar nicht vorstellen können! Wer in den Himmel kommt, hat alles gewonnen, für ewig!

Was ist ein Sakrament?

Ein Sakrament ist ein äußeres Zeichen, welches JESUS eingesetzt hat, um uns innere Gnaden zu schenken.

Das Wort ‚Sakrament‘ kommt vom lateinischen Wort ‚sacrum‘ und bedeutet ‚etwas Heiliges‘.

Welches sind die sieben Sakramente?

Die sieben Sakramente sind:

A Sakramente der Eingliederung	① Taufe ② Firmung ③ Eucharistie
B Sakramente der Heilung	④ Buße ⑤ Krankensalbung
C Standessakramente	⑥ Priesterweihe ⑦ Ehe

Wer gibt den Sakramenten ihre Kraft?

JESUS hat die Sakramente eingesetzt, und der Heilige Geist ist es, der ihnen ihre Kraft gibt.

Die sieben Sakramente sind wie sieben Ströme, in denen Wasser des Heiles fließen. Ihre Quelle ist das heiligste Herz JESU.

Die Sakramente enthalten alle Gnaden, die die Menschen brauchen, um selig zu werden.

Bei der heiligen Taufe hat der Priester das Taufwasser über dich gegossen und dich mit Öl gesalbt. Er hat gesagt: „Ich taufe dich im Namen des Vaters und des Sohnes und des Heiligen Geistes."

- Da wurdest du von der Erbsünde befreit und mit der heiligmachenden Gnade erfüllt.
- Deiner Seele wurde das unauslöschliche Merkmal eines Gotteskindes eingeprägt.
- Dein Leib wurde gesalbt und zum Tempel Gottes geweiht, um später JESUS in der heiligen Kommunion zu empfangen.

Beim Empfang der heiligen Kommunion segnet dich der Priester mit der heiligen Hostie und spricht: „Corpus Domini nostri Jesu Christi custodiat animam tuam in vitam æternam. - Der Leib unseres Herrn JESUS CHRISTUS bewahre deine Seele zum ewigen Leben!"

- Die heilige Kommunion vermehrt in dir die heiligmachende Gnade.
- Sie führt dich in die innigste Gemeinschaft mit JESUS und macht dich selbst zu seinem Heiligtum.
- Sie gibt dir Kraft, die Sünde zu meiden, das Gute zu tun und JESUS immer treu zu sein.

13. Die Fußwaschung (Joh 13, 1-20)

Es war vor dem Osterfest, als JESUS wusste, dass seine Stunde gekommen war, um aus dieser Welt zum Vater zu gehen. Und weil er die Seinen, die in der Welt waren, liebte, zeigte er ihnen die Liebe bis zur Vollendung.

Es war beim Letzten Abendmahl. Der Teufel hatte dem Judas Iskariot schon ins Herz gelegt, JESUS zu verraten. Da stand JESUS auf, legte sein Obergewand ab, nahm ein Leinentuch und umgürtete sich damit. Dann goss er Wasser in ein Becken und begann, den Aposteln die Füße zu waschen und sie mit dem Leinentuch zu trocknen.

Als JESUS zu Simon Petrus kam, sagte der zu ihm: „Herr, Du willst meine Füße waschen?“ JESUS antwortete ihm: „Was ich tue, verstehst du jetzt nicht. Du wirst es aber später verstehen.“

Petrus entgegnete: „Niemals sollst Du mir die Füße waschen!“ JESUS antwortete ihm: „Wenn ich dich nicht wasche, hast du nicht Gemeinschaft mit mir.“ Da rief Petrus: „Herr, nicht bloß meine Füße, sondern auch die Hände und das Haupt!“ JESUS sagte zu ihm: „Wer ein Bad genommen hat, braucht sich nur die Füße zu waschen, denn er ist ja ganz rein. Auch ihr seid rein, aber nicht alle.“ JESUS sagte das, weil er wusste, wer sein Verräter war.

Nachdem er ihre Füße gewaschen hatte, legte er sein Obergewand wieder an und begab sich zu Tisch. Dann sagte er zu ihnen: „Versteht ihr, was ich euch getan habe? Ihr nennt mich Meister und Herr, und mit Recht sagt ihr so, denn ich bin es. Wenn nun ich eure Füße gewaschen habe als der Meister und Herr, dann sollt auch ihr einander die Füße waschen. Denn ein Beispiel gab ich euch, damit so, wie ich euch tat, auch ihr tut.“

Warum hat JESUS den Aposteln die Füße gewaschen?

JESUS wollte zeigen, dass man rein sein muss, wenn man zur Gemeinschaft mit IHM gelangen will.

Als Petrus hörte, dass es um die Gemeinschaft mit JESUS ging, wollte er ganz rein sein, denn er hatte JESUS lieb.

Auch wir haben JESUS lieb und wollen uns sowohl dem Leib als auch der Seele nach gut auf die heilige Kommunion vorbereiten, um zur vollen Gemeinschaft mit JESUS zu gelangen. Deshalb ist es selbstverständlich, dass man vor der ersten heiligen Kommunion beichtet!

Wer kann *gültig* kommunizieren?

Nur wer getauft ist, kann gültig kommunizieren.

Ein Ungetaufter gleicht einer Kerze ohne Docht, die weder brennen noch Licht empfangen kann. Wenn ein Ungetaufter die heilige Hostie empfängt, wäre das keine heilige Kommunion.

Welches sind die Bedingungen für eine *würdige* heilige Kommunion?

① Die volle kirchliche Gemeinschaft
Man darf nicht von der katholischen Kirche getrennt sein.

② Der Gnadenstand
Man darf sich keiner schweren Sünde bewusst sein, die man noch nicht gebeichtet hat.

③ Die Nüchternheit
Man darf mindestens eine Stunde vor dem Empfang der heiligen Kommunion nichts gegessen und - außer Wasser - nichts getrunken haben.

Das Gebot der *eucharistischen Nüchternheit* erinnert uns daran, die heilige Kommunion von gewöhnlicher Speise zu unterscheiden.

Eine Stunde ist das Minimum. Es ist aber gut und wird sehr empfohlen, aus Liebe zu JESUS freiwillig etwas mehr als eine Stunde einzuhalten!

Zur Vorbereitung auf die heilige Messe gehört auch, dass man darauf achtet, ordentlich gekleidet zu sein. Manche Kleidung passt wohl auf den Sportplatz, aber nicht in die Kirche.

Was ist eine unwürdige Kommunion?

Wer eine schwere Sünde (mit Wissen und Willen in einer wichtigen Sache) begeht, verliert die heiligmachende Gnade. Er darf nicht mehr zur heiligen Kommunion gehen, bevor er durch die heilige Beichte die Gnade wiedererlangt hat.

Wer dennoch im Stand der schweren Sünde zur heiligen Kommunion geht, kommuniziert unwürdig.

Wem gleicht einer, der unwürdig kommuniziert?

Wer unwürdig kommuniziert, der gleicht dem Judas Iskariot, der JESUS durch einen Kuss verraten hat.

Was sagt der hl. Apostel Paulus vom unwürdigen Kommunionempfang?

Der hl. Apostel Paulus sagt vom unwürdigen Empfang der heiligen Kommunion: „Wer unwürdig isst und trinkt, der isst und trinkt sich das Gericht, weil er den Leib des Herrn nicht unterscheidet.“ (1 Kor 11, 29)

Ein unwürdiger Kommunionempfang wäre ein sehr großes Unglück. Das soll gar niemals geschehen!

Was wollte JESUS mit der Fußwaschung noch zeigen?

Als JESUS den Aposteln die Füße wusch, hat er uns ein Beispiel für Demut und Nächstenliebe gegeben. Er will, dass wir zueinander so sind, wie er zu uns war.

- Wir sollen einander lieben und nicht in Feindschaft leben.
- Wir sollen bereit sein, einander zu vergeben und uns zu versöhnen.
- Wir sollen bereit sein, einander zu dienen.

14. Die heilige Beichte

Als JESUS an Ostern von den Toten auferstanden war, erschien er noch am selben Abend seinen Aposteln, zeigte ihnen seine Hände und seine Seite und sprach: „Der Friede sei mit euch!“ Da hatten die Apostel große Freude.

JESUS sagte zu ihnen: „Wie mich der Vater gesandt hat, so sende ich euch.“ Dann hauchte er sie an und sagte: „Empfangt den Heiligen Geist! Wem ihr die Sünden nachlasst, dem sind sie nachgelassen.“

Mit diesen Worten hat JESUS das *Bußsakrament* eingesetzt und den Aposteln die Vollmacht gegeben, in seinem Namen Sünden zu vergeben. Für dieses Sakrament müssen wir JESUS unendlich dankbar sein!

Wer eine Sünde tut, gleicht einem dummen Schäflein, das sich vom guten Hirten trennt. Aber JESUS weiß, dass wir schwach und vergesslich sind, und er sucht alle seine Schäflein.

Wenn du merkst, dass du dich durch eine Sünde von JESUS entfernt hast, und wenn deine Sünde dir leid tut, dann nennt man das *Reue*. Darauf wartet JESUS!

Wenn du mit reuigem Herzen zur heiligen Beichte gehst und JESUS deine Sünden bekennst, ist er selbst der gute Hirt, der dich aus den Dornen löst und deine Wunden heilt. Er nimmt dich liebevoll in seine Arme, vergibt dir deine Sünden, schenkt dir wieder ein reines Herz und holt dich zurück in die volle Gemeinschaft mit IHM.

Die regelmäßige heilige Beichte ist ein wunderbares Mittel, um in der Liebe zu JESUS zu wachsen, sich selbst immer besser kennenzulernen und stets für IHN bereit zu sein.

Eine gute Beichte ist eine Quelle von viel Freude und Frieden!

Was tust du, wenn du merkst, dass du Böses getan hast?

Wenn mein Gewissen mir sagt, dass ich Böses getan habe, erwecke ich Reue.

Was denkst du, wenn du Reue hast?

Wenn ich Reue habe, denke ich:

- Lieber Gott, meine Sünde tut mir leid!
- Hätte ich sie doch nicht getan!
- Ich will sie nicht mehr tun!

Welche Arten von Reue gibt es?

- Wenn mir die Sünde leid tut, weil ich daran denke, dass Gott gut ist und ich ihn liebe, nennt man das eine *vollkommene Reue*.
- Wenn mir die Sünde vor allem deshalb leid tut, weil ich daran denke, dass Gott gerecht ist und ich eine Strafe dafür erhalte, nennt man das eine *unvollkommene Reue*.

Beide Arten von Reue genügen für eine gültige Beichte.

Was gehört zu einer guten Beichte?

Zu einer guten Beichte gehören sechs Sachen, die alle mit dem Buchstaben ‚B' beginnen:

① **B**eten: Ich bete zum Heiligen Geist, dass er mir hilft und mir meine Sünden zeigt.

② **B**esinnen: Ich erforsche mein Gewissen und denke darüber nach, welche Sünden ich begangen habe.

③ **B**ereuen: Ich erwecke Reue und sage dem lieben Gott, dass meine Sünden mir leid tun.

④ **B**essern: Ich überlege mir einen guten Vorsatz.

⑤ **B**ekennen: Ich sage in der heiligen Beichte meine Sünden.

⑥ **B**üßen: Ich verrichte die Buße, die der Priester mir auferlegt hat.

Am Ende dieses Büchleins findest du einen ausführlichen Beichtspiegel!

Welche Arten von Sünden gibt es?

- Eine *schwere* Sünde begeht, wer ein Gebot Gottes in einer **w**ichtigen Sache mit **W**issen und **W**illen übertritt. Man nennt sie *Todsünde*, weil man durch sie die heiligmachende Gnade verliert. Bei schweren Sünden muss man auch sagen, wie oft man sie begangen hat.

- Eine *leichte* Sünde nennt man auch *lässliche* Sünde oder *Wundsünde*. Sie gleicht einer Wunde, die durch Reue selber heilen kann; trotzdem ist es gut, auch sie in der Beichte dem Heiland zu zeigen.

Was schenkt dir JESUS durch die heilige Beichte?

Durch die heilige Beichte reinigt JESUS mein Herz von allen Sünden und schenkt mir viele Gnaden. Er gibt mir Kraft, entschieden das Böse zu meiden und freudig das Gute zu tun.

Liebes Erstkommunionkind!

Eigentlich weißt du nun schon das Allerwichtigste, um gut beichten zu können. Deshalb möchte ich dir empfehlen, bald deine erste heilige Beichte abzulegen. Du brauchst dich gar nicht davor zu fürchten. Falls du irgendetwas nicht verstehst oder unsicher bist, frage einfach deine Eltern oder den Priester. Nach dem Empfang deiner ersten heiligen Kommunion solltest du unbedingt noch einen gründlicheren Beichtunterricht besuchen! Dabei lernt man, sein Gewissen zu bilden und manches noch viel klarer zu sehen.

Als praktische Hilfe und treuen Begleiter für die regelmäßige Beichte gibt es das kostenlose Beichtbüchlein „Mein Jesus Barmherzigkeit“. Das solltest du dir besorgen! (Adresse am Ende dieses Büchleins)

15. Paschamahl (Ex 1-12) und Abendmahl

Um den Zusammenhang zwischen dem Paschamahl und dem Letzten Abendmahl zu erklären, muss man weit in die Vergangenheit zurückblicken. Je besser man sich im Alten Testament auskennt, desto leichter kann man das verstehen!

Erinnerst du dich an die Geschichte von Abraham, Isaak und Jakob? Jakob hieß auch Israel, und er hatte zwölf Söhne. Weißt du noch, wie diese ihren Bruder Joseph nach Ägypten verkauften und wie dann zur Zeit der großen Hungersnot Israel nach Ägypten zog?

In Ägypten wurden die Nachkommen Israels immer zahlreicher, bis sie ein großes Volk waren. Das erregte den Argwohn des Pharaos, des Königs von Ägypten. Er unterdrückte die Israeliten und ließ sie hart arbeiten. Sie bekamen Schläge und hatten viel zu leiden. Der Pharao gab sogar den Befehl, alle Knaben zu töten! Da hat Gott sich seines Volkes erbarmt und den Moses gesandt. Er sollte das Volk aus der Knechtschaft befreien und ins Gelobte Land führen.

Moses trat immer wieder vor den Pharao und forderte ihn im Namen Gottes auf, das Volk Israel in die Freiheit zu entlassen. Auch wirkte Gott durch Moses große Wunder, doch der Pharao war zu stolz. Er wollte Gott nicht gehorchen. Da hat Gott die Ägypter mit neun Plagen bestraft. Trotzdem blieb der Pharao hart.

Schließlich kam die zehnte Strafe. Sie war die allerschlimmste.

Moses trug dem Volk Israel auf, am Abend vor dem Auszug aus Ägypten ein *Paschamahl* zu halten. Die Familien mussten sich in ihren Häusern versammeln und alles vorbereiten, was sie auf die große Reise mitnehmen wollten. Dann sollte in jedem Haus ein Lamm geschlachtet werden. Das Fleisch des Lammes wurde am Feuer gebraten und mit ungesäuertem Brot und bitteren Kräutern verzehrt. Zuvor aber nahm jeder Hausvater ein wenig von dem Blut des Lammes und bestrich damit die Pfosten der Türen. So hatte Gott es angeordnet.

Das Wort ‚Pascha' heißt auf deutsch ‚Vorübergang', denn in jener Nacht ging ein Engel Gottes durch das ganze Land Ägypten und tötete in jedem Haus den ältesten Sohn. Nur wo er das Blut an den Türpfosten sah, ging der Engel vorüber.

Am nächsten Morgen war viel Trauer und Weinen bei den Ägyptern. In jedem Haus war einer gestorben. Auch der Sohn des Pharao war tot. Nun endlich ließ der Pharao das Volk Israel fortziehen.

Bei den Israeliten herrschte große Freude. Jetzt waren sie frei!

Gott wollte, dass von nun an alle Israeliten jedes Jahr das Paschafest feiern. Wie damals in Ägypten, sollte Jahr für Jahr jede Familie ein Lamm schlachten und das Mahl halten.

- Sie sollten Gott loben und preisen und daran denken, wie er sie mit starker Hand aus der Knechtschaft des Pharao befreit hat.
- Sie sollten sich aber auch daran erinnern, dass Gott versprochen hat, einen Erlöser zu senden, der sie einst aus der Knechtschaft des Teufels und von der Sünde befreit.

Dieser Erlöser ist JESUS CHRISTUS!

Auch JESUS hat mit seinen Aposteln das Paschamahl gehalten. Weißt du, wann das war?

Es war am Gründonnerstag. Da schickte JESUS zwei seiner Jünger nach Jerusalem und sagte zu ihnen: „Geht in die Stadt. Dort wird euch ein Mann begegnen, der einen Wasserkrug trägt. Ihm sollt ihr folgen, und wo er hineingeht, da sagt zum Herrn des Hauses: ‚Der Meister lässt sagen: Wo ist der Raum, in dem ich mit meinen Jüngern das Paschamahl esse?' Er wird euch ein großes Obergemach zeigen. Dort bereitet alles für uns vor!" (vgl. Mk 14, 13 ff.)

Die beiden Jünger gingen hin und kamen in die Stadt. Dort fanden sie alles genau so, wie JESUS es ihnen gesagt hatte, und sie bereiteten das Paschamahl vor.

Am Abend kam dann JESUS und hielt mit seinen zwölf Aposteln das Letzte Abendmahl.

Das Letzte Abendmahl war also ein Paschamahl. Das Paschamahl des Alten Bundes war ein Vorbild für die heilige Messe.

- Einst ist das Volk Israel durch das *Blut eines Lammes* gerettet und von Moses aus der Knechtschaft des Pharao befreit worden.
- Nun werden wir durch das *kostbare Blut JESU* vom ewigen Tod gerettet und aus der Knechtschaft der Sünde erlöst.

Unser Paschafest ist Ostern, und unser Paschalamm ist JESUS!

JESUS ist das Lamm Gottes,
das hinwegnimmt die Sünden der Welt!

16. Kreuzesopfer und Messopfer

Jetzt schauen wir noch weiter zurück, bis ganz an den Anfang, als Gott die ersten Menschen erschuf. Gott hat Adam und Eva geprüft, indem er ihnen ein Gebot gab. Sie aber haben gesündigt, weil sie Gott nicht gehorchen wollten. Dadurch haben sie für sich und all ihre Nachkommen das Paradies und die heiligmachende Gnade verloren. Man nennt dies den *Sündenfall*. Von nun an war der Himmel verschlossen.

Seit dem Sündenfall sind die Menschen mit der *Erbsünde* behaftet: Sie werden ohne die *heiligmachende Gnade* geboren. Auch sind die Menschen zum Bösen geneigt und haben oft und schwer gesündigt.

Die Sündenlast war gewaltig groß. Aus eigener Kraft konnten die Menschen sich nicht erlösen.

Aber Gott hat sich erbarmt. Um uns von den Sünden zu befreien und den Himmel für uns zu öffnen, hat er seinen Sohn als Erlöser in die Welt gesandt!

JESUS ist auf die Erde gekommen und im Schoß der Jungfrau Maria Mensch geworden. JESUS CHRISTUS ist der Heiland der Welt!

Er, der nur Gutes tat und nur Gutes für uns will, wurde von den Bösen gehasst. Man hat ihn gefangen genommen, gefesselt, verhöhnt, gegeißelt, mit Dornen gekrönt und zuletzt ans Kreuz geschlagen.

JESUS ist *für uns* am Kreuz gestorben. *Für uns* hat er sich hingegeben, weil er uns liebt.

Am Kreuz hat JESUS seinen heiligen Leib und sein kostbares Blut dem himmlischen Vater aufgeopfert,

- um dem Vater alle Ehre zu erweisen
- und um Genugtuung für unsere Sünden zu leisten und uns Menschen zu erlösen.

In der Bibel steht geschrieben: „So sehr hat Gott die Welt geliebt, dass er seinen eingeborenen Sohn dahingab, damit jeder, der an ihn glaubt, nicht verlorengehe, sondern das ewige Leben habe." (Joh 3, 16)

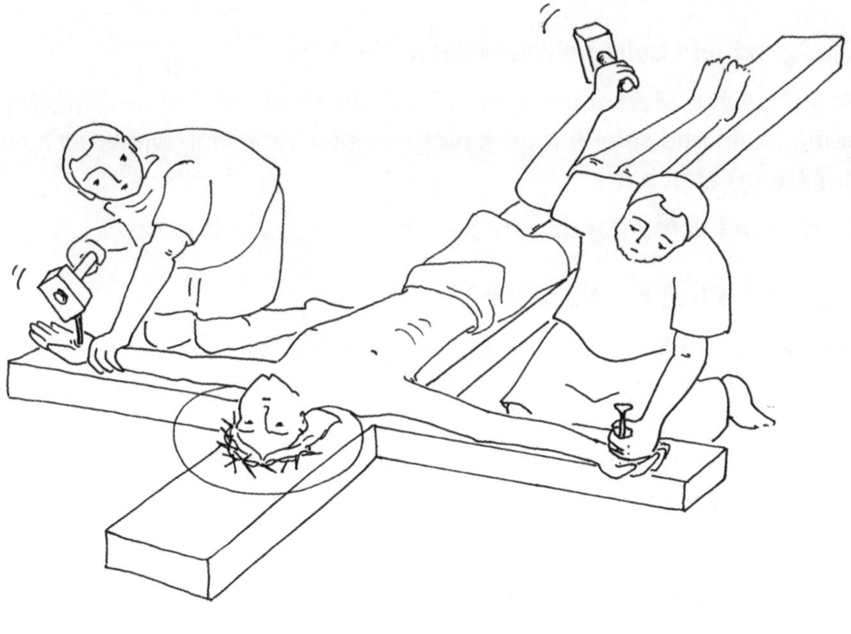

Was hat JESUS am Kreuz dem himmlischen Vater geopfert?

JESUS hat am Kreuz dem himmlischen Vater seinen Leib und sein Blut geopfert.

Welchen Wert hat das Kreuzesopfer JESU?

JESUS hat als wahrer Mensch und wahrer Gott sein Kreuzesopfer in unendlicher Liebe dargebracht. Deshalb ist es unendlich wertvoll.

Im Opfer JESU ist die Kraft, den Vater unendlich zu ehren und alle Menschen zu erlösen.

Wie gibt JESUS uns Anteil an seinem Kreuzesopfer?

JESUS gibt uns Anteil an seinem Kreuzesopfer, indem er beim Letzten Abendmahl das heilige Messopfer eingesetzt hat.

Seit wann feiert die katholische Kirche das heilige Messopfer?

Die katholische Kirche feiert das heilige Messopfer seit den Tagen der Apostel.

Was geschieht beim heiligen Messopfer?

Beim heiligen Messopfer bringt JESUS durch die Hände des Priesters seinen Leib und sein Blut dem himmlischen Vater dar, wie er es auch am Kreuz getan hat.

So wird auf dem Altar das Kreuzesopfer gegenwärtig gesetzt.

Was ist das heilige Messopfer?

Das Kreuzesopfer JESU und das heilige Messopfer sind ein und dasselbe Opfer. Nur die Art und Weise, wie es dargebracht wird, ist verschieden:

- Das Kreuzesopfer war *blutig*.
- Das Messopfer ist *unblutig*.

Deshalb sagen wir: Die heilige Messe ist die *unblutige Gegenwärtigsetzung des Kreuzesopfers JESU*.

Für wen bringt der Priester das heilige Messopfer dar?

Der Priester bringt das heilige Messopfer für alle Menschen dar, für die Lebenden und für die Verstorbenen.

Es gibt aber Menschen, die sich der Gnade Gottes verweigern und ihr Herz verschließen. Für sie ist JESUS umsonst gestorben.

Was tun wir bei der heiligen Messe?

Wenn wir an der heiligen Messe teilnehmen, nehmen wir am Opfer JESU teil. Es ist so, als würden wir auf Golgotha unter dem Kreuz des Heilands stehen.

JESUS opfert sich für uns,
und wir opfern uns mit IHM!

17. Das Opfer **(Mt 2, 1-12)**

Damals, als JESUS in Bethlehem geboren wurde, sind nicht nur die Hirten von den Feldern herbeigeeilt. Da waren auch drei weise Männer aus einem fernen Land. Die sahen im Osten einen Stern aufgehen, und sie verstanden, dass dies ein Zeichen für sie war. Sie wussten: Nun endlich ist der Heiland geboren, den alle Völker mit so viel Sehnsucht erwartet haben!

Sogleich machten sie sich auf den Weg, um IHN zu suchen und IHM zu huldigen. Zuvor aber suchte jeder von ihnen ein Geschenk, um nicht mit leeren Händen vor IHM zu erscheinen.

Als sie JESUS sahen, hatten sie überaus große Freude. Sie fielen vor ihm nieder und beteten IHN an. Dann brachten sie ihm ihre Gaben dar: Gold, Weihrauch und Myrrhe.

Die drei Gaben bedeuten:

- Gold — Du bist wirklich König!
- Weihrauch — Du bist wahrer Gott!
- Myrrhe — Du bist Mensch geworden, um Dein Leben für uns hinzugeben!

Überall, wo wahre Liebe ist, möchte man einander die Liebe auch zeigen. Nicht nur mit Wort und Zunge wollen wir lieben, sondern in Tat und Wahrheit (vgl. 1 Joh 3, 18)!

- Eltern zeigen ihren Kindern ihre Liebe, und Kinder ihren Eltern!
- Gott hat uns gezeigt, dass er uns liebt, und wir zeigen IHM, dass wir IHN lieben!

Wie aus einer Quelle das Wasser kommt, so kommt aus echter Liebe wie von selbst die Bereitschaft zum Opfer.

Für jemanden, den man liebt, bringt man gerne ein Opfer. Man möchte ihm etwas schenken: am liebsten sich selbst.

JESUS hat einmal gesagt: „Eine größere Liebe hat niemand als die, dass er sein Leben hingibt für seine Freunde.“ (Joh 15, 13) Genau daran haben wir seine Liebe zu uns erkannt, dass er am Kreuz sein Leben für uns hingegeben hat!

Was bedeutet, Gott etwas zu *opfern*?

Gott etwas zu *opfern* bedeutet, ihm aus Liebe etwas zu schenken oder etwas für ihn zu tun.

Was kann vor Gott ein Opfer sein?

Alles, was man aus Liebe zu Gott tut, kann vor Gott ein Opfer sein.

Jedes gute Werk wird zum Opfer, indem man es aufopfert. Dazu kann man beispielsweise still im Herzen sagen: „Alles Gott zu Ehren! Alles Gott zulieb!“

Worauf kommt es bei einem Opfer vor allem an?

Bei einem Opfer kommt es nicht so sehr darauf an, dass es schwerfällt, sondern vielmehr darauf, dass es aus Liebe geschieht.

Deshalb hat vor Gott ein kleines Werk mit großer Liebe einen höheren Wert als ein großes Werk mit kleiner Liebe.

Selbst etwas winzig Kleines kann ein Opfer sein: eine kleine Überwindung, ein freiwilliger Verzicht, ein Almosen, ein Stoßgebet ...

Was muss man beachten, damit ein Opfer seinen Wert behält?

Wenn man etwas nur deshalb tut, um von Menschen gelobt zu werden, hat es keinen Wert vor Gott. Weil Gott alles sieht, achtet er auch auf die ganz verborgenen Opfer und hat an ihnen besondere Freude.

Was bewirkt in uns die Liebe zu Gott?

Die Liebe zu Gott bewirkt in uns die Freude, Gutes zu tun.

Sogar etwas Mühsames ist gar nicht mehr so schwierig, wenn man es aus Liebe zu Gott tut.

- Musst du dich zwischen *gut* und *schlecht* entscheiden? Dann wähle immer das Gute!
- Hast du die Wahl zwischen *gut* und *besser*? Wenn du Gott liebst, wirst du das Bessere wählen, auch wenn es schwieriger ist.

Welche Arten von Opfern gibt es?

Je nachdem, in welcher Absicht man ein Opfer bringt, kann es ein *Lob*opfer, *Dank*opfer, *Bitt*opfer und *Sühn*opfer sein.

① *Loben* heißt: Ich preise Gott als meinen höchsten Herrn!
② *Danken* heißt: Ich preise Gott als meinen allmächtigen Schöpfer!
③ *Bitten* heißt: Ich preise Gott als meinen himmlischen Vater!
④ *Sühnen* heißt: Ich preise Gott als meinen gütigsten Erlöser!

Welche Ehre verdient Gott?

Gott verdient unendliche Ehre.

Weil wir aber schwache Menschen sind, ist unser Opfer immer nur begrenzt und immer zu klein.

Damit ein Opfer Gott so ehrt, wie ER es verdient, müsste es unendlich wertvoll sein. Das aber kann nur einer: Gott selbst!

Und was hat Gott getan? Gott ist Mensch geworden! Die zweite göttliche Person hat eine menschliche Natur angenommen und hat seinen heiligen Leib und sein kostbares Blut zum Opfer dargebracht.

Nur das Kreuzesopfer JESU ist unendlich wertvoll: Es ist ein vollkommenes Lobopfer, Dankopfer, Bittopfer und Sühnopfer!

Was können wir mit JESUS?

Durch die heilige Taufe sind wir so eng mit JESUS verbunden, dass wir all unsere kleinen Opfer mit seinem Opfer vereinen können.

In Vereinigung mit dem Opfer JESU kannst auch du den himmlischen Vater so ehren, wie er es verdient: Durch IHN und mit IHM und in IHM!

Das tun wir, sooft wir die heilige Messe feiern und so am Kreuzesopfer JESU Anteil haben. Dann legen wir alles, was wir zur Ehre Gottes getan oder erduldet haben, mit auf den Altar.

Auch du bist eingeladen, in der heiligen Messe mit JESUS zu opfern und Gott dein Herz zu schenken!

18. Der Opferpriester

Zwar können wir alle Gott ein Opfer bringen. Ein katholischer Priester aber besitzt durch das heilige Weihesakrament eine ganz besondere Vollmacht: Er kann im Namen JESU das heilige Messopfer darbringen!

Es besteht ein großer Unterschied zwischen der Art und Weise,

- wie die Gläubigen mitopfernd an der heiligen Messe teilnehmen
- und wie ein geweihter Priester das heilige Messopfer darbringt.

Der Priester hat direkt Anteil an der priesterlichen Gewalt JESU!

In der Vollmacht JESU verwandelt er das Brot in den Opferleib und den Wein in das Opferblut JESU.

Dann bringt sich JESUS - wie er es am Kreuz getan hat - durch den Priester unter den Gestalten von Brot und Wein dem himmlischen Vater dar. Auf diese Weise setzt JESUS in der heiligen Messe sein Kreuzesopfer auf dem Altar für uns gegenwärtig.

Mit dem heiligen Messopfer verbindet der Priester auch seine ganz persönliche Hingabe an JESUS: Er opfert nicht nur Brot und Wein, sondern auch sich selbst Gott auf!

Alles, was der Priester aus Liebe zu Gott tut, all seine Mühen und all seine Freuden, legt er im heiligen Messopfer mit auf den Altar.

Genau dasselbe wollen auch wir tun! Immer wieder neu bringen wir JESUS in der heiligen Messe unsere Opfer und Gebete dar. Wir erneuern unsere Hingabe an den Heiland und schenken JESUS unser Herz!

Deshalb sagt der Priester am Ende der Opferung:

Betet, Brüder,
dass mein und euer Opfer
wohlgefällig werde bei Gott,
dem allmächtigen Vater.

Als JESUS gekreuzigt wurde, gab es drei Gruppen von Menschen:

① seine Freunde

② seine Feinde

③ Gleichgültige *(die Vorübergehenden, die nur zufällig und nur äußerlich da waren ...)*

Nur seine Freunde haben *mit* JESUS geopfert!

Wir nehmen als Freunde JESU am heiligen Messopfer teil, wenn wir *nicht nur äußerlich* anwesend sind, sondern *in uns* eine echte Opfergesinnung haben.

19. Opfer und Sakrament

Im Alten Testament haben die Priester Gott Rauchopfer und Speiseopfer dargebracht.

Bei den Speiseopfern haben sie, nachdem sie die Opfergaben Gott aufgeopfert haben, ein Opfermahl gehalten.

① Zuerst hat der Priester die Opfergaben Gott dargebracht.
② Gott hat die Gaben angenommen und sie gesegnet.
③ Schließlich hat Gott die gesegneten Gaben den Menschen gewissermaßen zurückgegeben: Sie sollten im Opfermahl davon essen und so seinen Segen empfangen.

Das Opfermahl im Alten Testament war ein Vorbild für die heilige Kommunion, denn ganz ähnlich geschieht es auch in der heiligen Messe. Doch unsere Opferspeise ist unendlich viel heiliger!

① Zuerst bringt der Priester Brot und Wein Gott dar.

② Gott nimmt die Opfergaben aus der Hand des Priesters an und segnet sie. In der heiligen Wandlung werden sie zum Opfer JESU, auf das der himmlische Vater mit höchstem Wohlgefallen schaut.

③ Schließlich gibt der Vater uns den heiligen Leib und das kostbare Blut seines göttlichen Sohnes gleichsam zurück, und wir dürfen IHN im Opfermahl der heiligen Kommunion empfangen.

Zunächst kommuniziert der Priester. Wenn Gläubige anwesend sind, die zur heiligen Kommunion bereit sind, dürfen danach auch sie den Leib des Herrn empfangen.

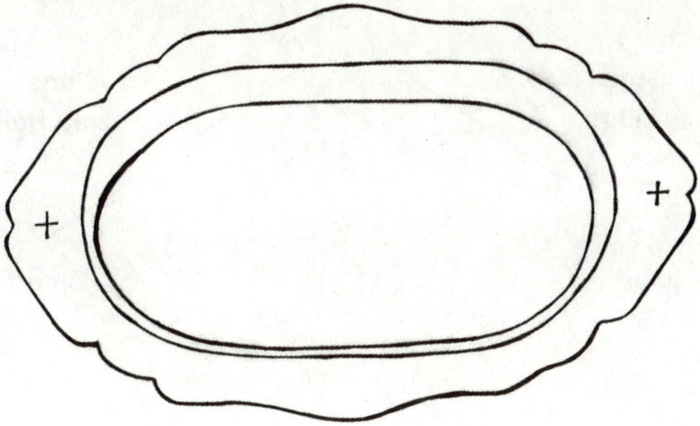

Weil JESUS auch in den kleinen Partikeln der heiligen Hostie gegenwärtig ist, achtet der Priester sehr sorgfältig darauf, dass vom Allerheiligsten nichts zu Boden fällt.

Deshalb verwendet er bei der Spendung der heiligen Kommunion eine *Kommunionpatene*.

Die heilige **Eucharistie** ist

Opfer
und
Sakrament

Sie ist **Opfer**, insofern sie Gott *dargebracht* wird.
Sie ist **Sakrament**, insofern wir sie *empfangen*.

Das **Opfer** ist zur **Ehre Gottes**.
Das **Sakrament** ist zum **Heil des Menschen**.

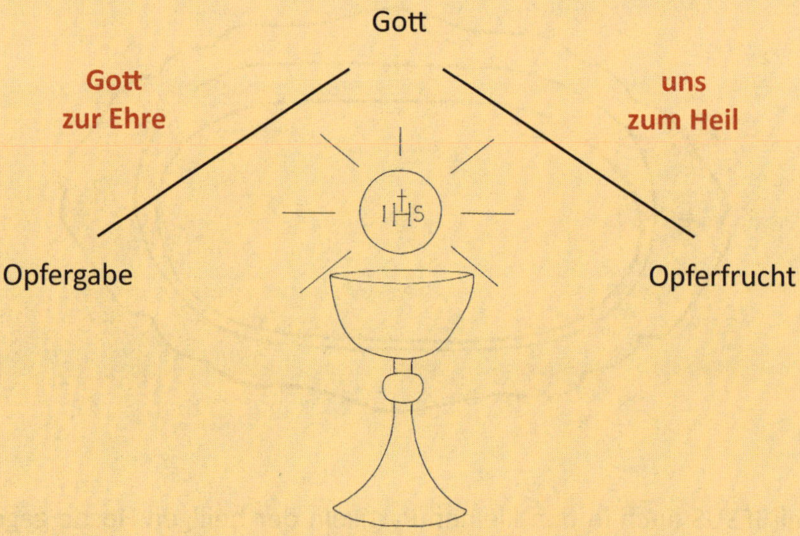

Das **eucharistische Sakrament**
ist die Frucht
des **eucharistischen Opfers**.

Welches ist der Weg zur Kommunion?

Der Weg zur Kommunion ist das *Opfer*: Indem wir am heiligen Opfer teilnehmen, bereiten wir uns zugleich darauf vor, die heilige Kommunion zu empfangen.

Welche Arten von Kommunion gibt es?

Es gibt die *geistige* Kommunion und die *sakramentale* Kommunion.

- Die *geistige* Kommunion besteht darin, dass man in sich die Sehnsucht nach dem Heiland erweckt, um geistigerweise mit ihm vereint zu werden.
- Die *sakramentale* Kommunion besteht darin, dass man JESUS im Sakrament des Altares wirklich empfängt.

Die *geistige* Kommunion ist die beste Vorbereitung auf die *sakramentale* Kommunion. Jede *sakramentale* Kommunion soll zugleich auch eine *geistige* Kommunion sein!

Kann man immer kommunizieren?

Es ist nicht immer möglich, *sakramental* zu kommunizieren. Eine *geistige* Kommunion jedoch kann man jederzeit machen, auch wenn man nicht in der Kirche ist.

Wer wegen einer schweren Sünde nicht sakramental kommunizieren darf, kann trotzdem eine geistige Kommunion machen, indem er die Liebesreue erweckt, wozu der Vorsatz gehört, bei nächster Gelegenheit zu beichten, um dann auch wieder sakramental kommunizieren zu dürfen.

Auf welche Weise empfangen wir die sakramentale Kommunion?

Nach der Ordnung der Kirche kommuniziert zuerst der Priester, und zwar unter beiden Gestalten. Die Gläubigen jedoch kommunizieren nur unter der Brotsgestalt.

Wir wissen ja, dass JESUS unter beiden Gestalten gegenwärtig ist und dass wir den Heiland auch in der Brotsgestalt ganz empfangen!

20. Der Altar

Als JESUS gekreuzigt wurde, geschah dies erhöht auf einem Hügel, den man den *Berg Golgotha* nennt. Dies war ein Felsen vor der Stadtmauer Jerusalems. In dem Augenblick, als JESUS am Kreuz starb, hat die Erde gebebt, und der Felsen ist mitten entzwei gebrochen.

Wer heute als Pilger nach Jerusalem fährt und Golgotha besucht, kann den Felsspalt noch immer sehen!

In unseren Kirchen steht der Altar gewöhnlich ein wenig erhöht, damit wir an den Berg Golgotha erinnert werden. Wie nämlich die heilige Messe die unblutige Gegenwärtigsetzung des Kreuzesopfers ist, so ist der Altar gewissermaßen ein zweites Golgotha.

Auf dem Altar befinden sich ein Kreuz, drei Altartücher und Kerzen.

① Das *Kreuz* erinnert daran, dass JESUS für uns *gestorben* ist.
② Die *Altartücher* erinnern daran, dass JESUS *begraben* wurde.
③ Das Licht der *Kerzen* erinnert daran, dass JESUS *auferstanden* ist.

In vielen Kirchen steigt der Priester auf genau drei Stufen zum Altar empor. Die drei Stufen sind Symbol für die drei *göttlichen Tugenden*:

① Glaube
② Hoffnung
③ Liebe

Sie heißen *göttliche* Tugenden, weil Gott sie zugleich mit der heiligmachenden Gnade in unsere Seele eingießt und weil wir durch sie zu IHM gelangen.

Am Tag der Kirchweihe hat der Bischof den Altar feierlich geweiht.

In der Mitte des Altares, unter den Altartüchern, befindet sich der Altarstein. An den fünf Stellen, an denen der Bischof den Altarstein mit heiligem Öl gesalbt hat, sind gewöhnlich fünf Kreuze eingraviert. Sie erinnern an die fünf Wunden JESU.

In der Mitte des Altarsteins befindet sich ein kleiner Deckel. Darunter hat der Bischof Reliquien von Martyrern verborgen. Deshalb ist jeder Altar ein kleines Martyrergrab.

- *Martyrer* sind Blutzeugen. Sie haben aus Liebe zu JESUS ihr Leben hingegeben.
- *Reliquien* sind kleine Überreste von den Leibern der Martyrer, die uns daran erinnern, dass wir alle am *Jüngsten Tag* mit unserem Leib auferstehen werden.

Schon in sehr früher Zeit, im alten Rom, haben die Christen in den Katakomben (das sind unterirdische Friedhöfe) auf den Gräbern der Martyrer das heilige Messopfer dargebracht.

Wenn der Priester zum Altar emporsteigt und ihn ehrfürchtig küsst, grüßen auch wir JESUS und bitten IHN um die Kraft, IHM treu zu sein bis in den Tod!

Der hl. Tarzisius war ein römischer Junge, der schon mit 15 Jahren zum Martyrer geworden ist. Damals, im 3. Jahrhundert, wurden die Christen in Rom sehr verfolgt. Viele waren bereits im Gefängnis. Sie hatten eine große Sehnsucht, vor ihrem Martyrium noch einmal die heilige Kommunion zu empfangen.

Für die Priester wäre es aber viel zu gefährlich gewesen, das Allerheiligste in die Gefängnisse zu tragen, weil man sie sofort erkannt und verhaftet hätte. Deshalb hat man mutige Knaben zu ‚Christusträgern' geweiht und ihnen das Allerheiligste anvertraut. Einer davon war der hl. Tarzisius.

Als er einmal unterwegs ins Gefängnis war, lauerten ihm heidnische Kameraden auf. Sie wollten wissen, was das sei, was er so sorgsam verberge. Weil Tarzisius den Heiland nicht ausliefern wollte, prügelten sie ihn zu Tode. Ein Christ fand den Leichnam des jungen Martyrers und begrub ihn in der Katakombe des hl. Callistus.

Der hl. Tarzisius ist Patron der Erstkommunikanten!

21. Der Sonntag

Unter allen Tagen der Woche ist der Sonntag von ganz besonderer Bedeutung. Wenn du als katholischer Christ leben möchtest, ist es sehr wichtig, dass du den Sinn des Sonntags gut verstehst, denn auch für dich ist das Sonntagsgebot eine heilige Pflicht!

Der Sonntag ist ein heiliger Tag. Er steht in engster Beziehung zum Dreifaltigen Gott.

① Am allerersten Sonntag, ganz zu Beginn der Schöpfung, sprach Gott, der *Vater*: „Es werde Licht!"

② Gott, der *Sohn*, ist am *Ostersonntag* von den Toten auferstanden - strahlend wie die Sonne.

③ Gott, der *Heilige Geist*, ist am *Pfingstsonntag* - in der Gestalt von leuchtenden Feuerzungen - auf die Apostel herabgekommen.

Heute erniedrigt man oft den Sonntag zu einem Teil des *Weekends*. Dagegen müssen wir Christen uns wehren, denn das ist falsch! Dass der Sonntag nicht der letzte, sondern der erste Tag der Woche ist, ist genauso wahr, wie es wahr ist, dass am Mittwoch die Mitte der Woche ist! (So-Mo-Di-**Mi**-Do-Fr-Sa)

Im Alten Testament hat Gott dem Volk Israel geboten, den *Sabbat* (das ist der Samstag) zu heiligen, damit sie daran denken, dass er sie aus der Knechtschaft Ägyptens befreit hat.

Im Neuen Testament gebietet Gott uns Christen, den Sonntag zu heiligen, damit wir daran denken, dass JESUS CHRISTUS an einem Sonntag von den Toten auferstanden ist und dass er uns durch seinen Tod und seine Auferstehung aus der Knechtschaft der Sünde befreit hat.

Wenn sonntags die Kirchenglocken läuten, dann rufen sie uns zum Gottesdienst. In der heiligen Messe sind wir wie Pilger: Gemeinsam mit dem Priester schauen wir auf JESUS, das wahre Licht der Welt, und gehen IHM freudig entgegen!

Wie heißt der Sonntag noch?

In der lateinischen Sprache hat der Sonntag den sehr alten Namen *Dominica*. Das bedeutet auf deutsch der *Tag des Herrn*.

Aber auch das Wort *Sonn*tag lässt an JESUS denken, denn die Sonne ist Symbol für IHN, der gesagt hat: „Ich bin das Licht der Welt." (Joh 8, 12)

Was ist die Sonntagspflicht?

Das erste Kirchengebot verpflichtet uns, am Sonntag und an den gebotenen Feiertagen die heilige Messe zu besuchen. Das nennt man das *Sonntagsgebot* oder die *Sonntagspflicht*.

Sie ist für katholische Christen hoch und heilig. Wer darum am Sonntag freiwillig und ohne wichtigen Grund die heilige Messe versäumt, begeht eine schwere Sünde (vgl. KKK 2181).

Als Kommunionkind bist auch du verpflichtet, jeden Sonntag zur heiligen Messe zu gehen. Tu es gerne, aus Liebe zu Gott! Dann wird es dir gar nicht schwerfallen.

Nimm dir fest vor, dein ganzes Leben lang die Sonntagspflicht treu zu erfüllen und das heilige Messopfer stets hoch zu schätzen!

Wer ist von der Sonntagspflicht entschuldigt?

Von der Sonntagspflicht ist entschuldigt, wer einen wirklich wichtigen Grund hat, z. B. weil er krank ist oder einen Kranken pflegen muss.

Was bedeutet die Sonntagsruhe?

Gott hat uns sechs Tage für die Arbeit gegeben. Am Sonntag aber sollen wir von der Arbeit ruhen. Deshalb heiligen wir den Sonntag nicht nur, indem wir zur heiligen Messe gehen, sondern auch, indem wir unnötige werktägliche Arbeiten unterlassen.

Weshalb ist der Sonntag für uns wichtig?

Der Sonntag ist für uns wichtig, damit wir bei den vielen Sorgen des Lebens den lieben Gott und das Heil unserer Seele nicht vergessen.

Die Sonntagsruhe tut allen gut, denn ein Bogen, der immer nur gespannt ist, verliert seine Kraft. Indem wir am Sonntag ruhen, können wir während der Woche unsere Arbeit um so besser tun.

Es ist ein großer Segen, wenn man sich am Sonntag ganz bewusst auch Zeit für die Familie und für die Freunde nimmt.

Welchen Wert haben die heiligen Messen am Wochentag?

Am Sonntag ist die Messe heilige Pflicht, am Wochentag aber ist sie ganz freiwillig.

Weil die Teilnahme an der heiligen Messe an einem Wochentag freiwillig ist, hat sie vor Gott einen besonderen Wert.

Möchtest du nicht versuchen, das ein oder andere Mal auch am Wochentag zur heiligen Messe zu gehen? Darüber freut sich JESUS ganz besonders!

Wie lauten die fünf Gebote der Kirche? (KKK Kompendium Nr. 432)

① Du sollst am Sonntag und an den gebotenen Feiertagen der heiligen Messe andächtig beiwohnen.
② Du sollst wenigstens einmal im Jahr deine Sünden beichten.
③ Du sollst wenigstens zur österlichen Zeit und in Todesgefahr die heilige Kommunion empfangen.
④ Du sollst die gebotenen Fast- und Abstinenztage halten.
⑤ Du sollst im Rahmen deiner Möglichkeiten der Kirche in ihren materiellen Bedürfnissen beistehen.

Fasten bedeutet, sich nur einmal am Tag zu sättigen. *Abstinenz* bedeutet Verzicht auf Fleischspeisen. Gebotene Fast- <u>und</u> Abstinenztage sind Aschermittwoch und Karfreitag. Abstinenztage sind alle Freitage, die nicht auf ein Hochfest fallen.

Wir essen freitags kein Fleisch, weil Jesus aus Liebe zu uns am Karfreitag gestorben ist und um dadurch zu bekennen, dass wir katholisch sind.

Das Abstinenzgebot verpflichtet alle, die das 14. Lebensjahr vollendet haben. Das Fastengebot verpflichtet alle Volljährigen bis zum Beginn des sechzigsten Lebensjahres (vgl. CIC can 1252).

22. Die Hostie

Das Brot, das bei der heiligen Messe zur Wandlung bereitsteht, nennt man *Hostie*. Das Wort Hostie bedeutet auf deutsch *Opfergabe*.

Ein Vorbild für die Hostie gab es schon im Alten Testament. Erinnerst du dich, wie einst das Volk Israel in der Wüste großen Hunger litt? Da hat Gott ihnen Brot vom Himmel gegeben. Sie nannten es *Manna*. Es war fein und weiß und voller Wohlgeschmack. Die Israeliten bekamen das Manna viele Jahre lang von Gott, und durch das Manna blieben sie immer stark und gesund.

Unser Brot, das vom Himmel herabkommt und uns das Leben schenkt, ist JESUS. In der heiligen Kommunion nährt er unsere Seele und macht sie stark und gesund.

Wie Gott damals den Israeliten geboten hat, einen Krug mit Manna in der Bundeslade zu verwahren, so verwahren wir den Speisekelch mit den heiligen Hostien im Tabernakel.

- Weil *Hostien* dazu bestimmt sind, in den heiligen Leib JESU verwandelt zu werden, müssen sie aus ganz reinem Weizenmehl mit großer Sorgfalt hergestellt sein.

  Häufig sind es Ordensschwestern, die Hostien backen und sie liebevoll mit eingeprägten Bildern verzieren.
- Weil der *Messwein* dazu bestimmt ist, in das kostbare Blut JESU verwandelt zu werden, muss er aus ganz reinem Traubensaft gewonnen sein.

Eines Tages ging eine Mesnerin mit ihrem Töchterlein in ein Kloster. Dort wollte die Mutter von den Ordensschwestern Hostien für die Pfarrkirche kaufen. Als die Schwester der Kleinen eine schöne, weiße Priesterhostie zeigte, beugte sich das Mädchen darüber und gab der Hostie einen Kuss. Da fragte die Mutter: „Was machst du? JESUS ist doch noch gar nicht da!" Das Mädchen antwortete: „Das weiß ich. Aber wenn er kommt, findet er meinen Kuss!"

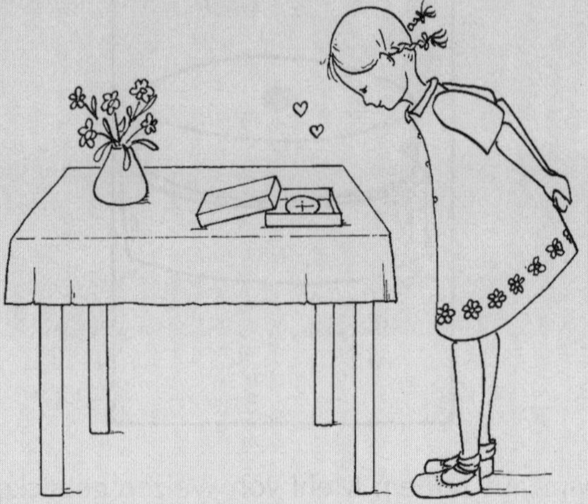

Nach der heiligen Wandlung spricht man von der *heiligen Hostie*. Ihr gebührt die allerhöchste Ehrfurcht, denn nun ist in der Brotsgestalt JESUS selbst gegenwärtig!

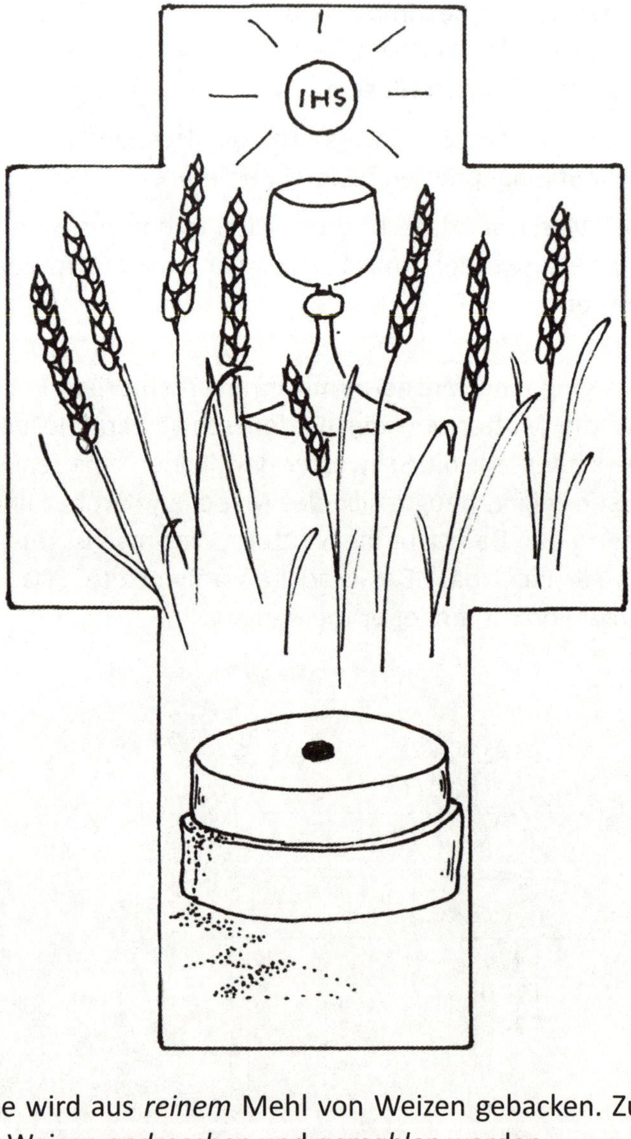

Die Hostie wird aus *reinem* Mehl von Weizen gebacken. Zuvor aber muss der Weizen *gedroschen* und *gemahlen* werden.

⇨ So weist die Hostie auf JESUS hin,
der für uns gegeißelt worden ist
und seinen heiligen Leib am Kreuz für uns hingegeben hat.

Der Messwein wird aus dem *reinen* Saft von Trauben gewonnen. Zuvor aber müssen die Trauben *gekeltert* werden.

⇨ So weist der Messwein auf JESUS hin,
der sein kostbares Blut vergossen hat
und dessen Herz am Kreuz für uns geöffnet wurde.

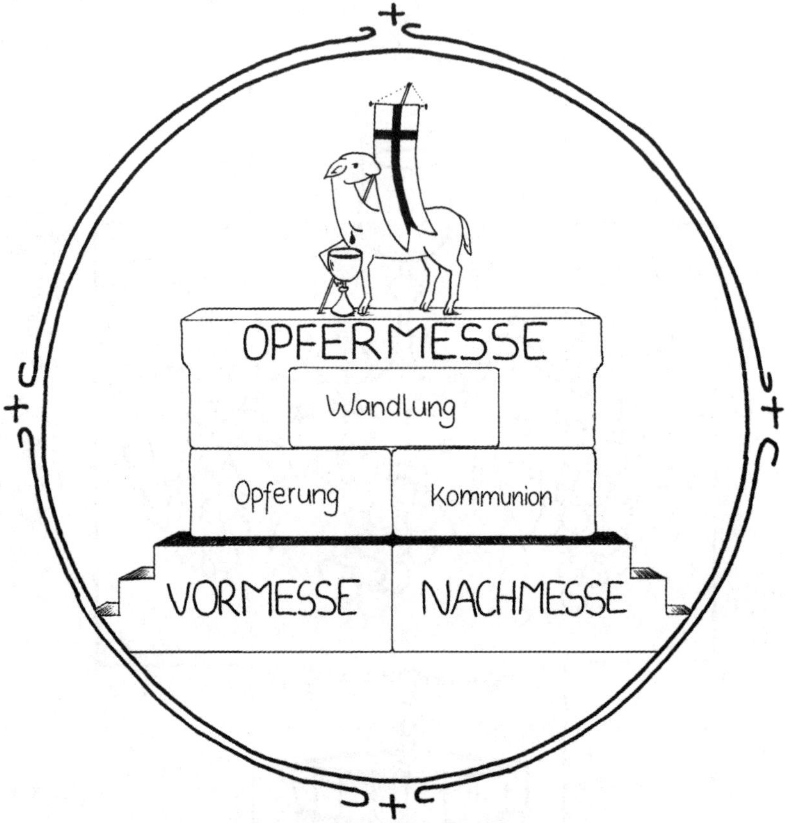

23. Die Ordnung der heiligen Messe

Der Ablauf der heiligen Messe folgt einer ganz genau festgelegten Ordnung. Diese Ordnung nennt man den *Ordo Missæ*.

Eine heilige Messe kann, je nach Anlass, sehr feierlich oder auch ganz schlicht zelebriert werden. Der *Ordo Missæ* aber ist immer derselbe:

- in der stillen Messe,
- im gesungenen Amt,
- im levitierten Hochamt
- und sogar im feierlichen Pontifikalamt eines Bischofs.

Das hat große Vorteile, denn wer sich einmal mit dem Ordo Missæ auskennt, kann sich in allen Formen der heiligen Messe leicht zurechtfinden und andächtig mitbeten.

Wenn ein Priester die heilige Messe feiert, übt er Gehorsam, indem er sich gewissenhaft an alles hält, was im Messbuch der katholischen Kirche steht.

Weil die heilige Messe überall auf der Welt nach der gleichen Ordnung gefeiert wird, kann ein Katholik, egal wo er sich gerade befindet, in jeder heiligen Messe ein Stück geistliche Heimat finden!

Wie also kannst du dich mit der Ordnung der heiligen Messe vertraut machen?

Du musst wissen, dass es innerhalb des *Ordo Missæ* Teile gibt, die immer gleich bleiben, und andere Teile, die sich je nach Tag oder Fest ändern.

Solange du noch Anfänger bist, konzentriere dich auf die gleichbleibenden Teile: das Stufengebet, das Kyrie, das Gloria, das Credo, die Opferung, den Kanon usw. Erst wenn du damit vertraut bist, schaue auf den Rest.

Bist du schon fortgeschritten, wirst du dich auch für die veränderlichen Teile interessieren: den Introitus, die Oration, die Lesung, den Zwischengesang, das Evangelium, das Offertorium, die Secret, die Präfation, die Communio und die Postcommunio.

Wenn du ein wenig älter bist, solltest du dir unbedingt ein Volksmissale mit allen Lesungen, Gebeten und Antiphonen des Messbuches wünschen. Du kannst darin unschätzbare geistliche Reichtümer und wunderbare Nahrung für deine Seele finden!

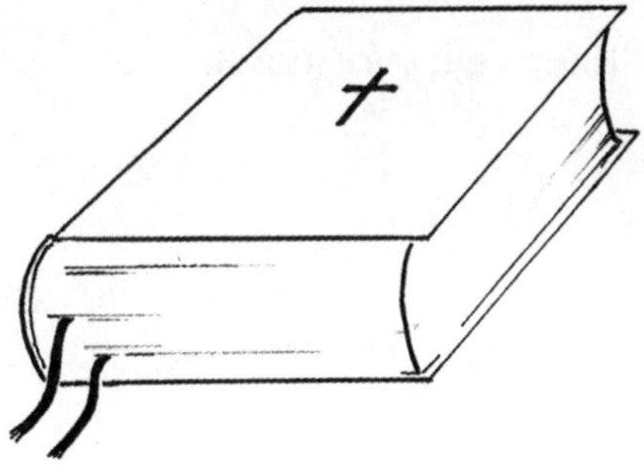

Falls du dich am Anfang nicht sofort im Volksmissale zurechtfindest, frage einfach deine Eltern oder deine älteren Geschwister. Sie werden dir gewiss gerne helfen.

Welches sind die Hauptteile der heiligen Messe?

Die Hauptteile der heiligen Messe sind:

① die Vormesse
② die Opfermesse
③ die Nachmesse

Die Opfermesse hat wiederum drei Teile:

① die Opferung
② die Wandlung
③ die Kommunion

Wie können wir die Opfermesse ganz leicht erkennen?

Die Opfermesse können wir mit einem einzigen Blick auf den Altar erkennen:

- Zur *Vormesse* und zur *Nachmesse* ist der Kelch stets mit einem Kelchvelum verhüllt.
- Nur zur *Opfermesse* steht der Kelch unverhüllt auf dem Altar.

Kann man den Höhepunkt der heiligen Messe auch hören?

Den Höhepunkt der heiligen Messe, wenn der Priester zum Opfer Brot und Wein in den Leib und das Blut JESU verwandelt, kann man hören, denn wenn es in der Kirche am allerstillsten wird, ist das Allerheiligste am allernächsten!

1. Hauptteil: **Vormesse**

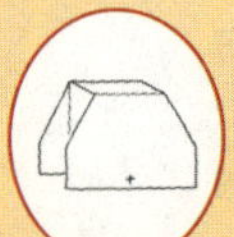

2. Hauptteil: **Opfermesse**

① **Opferung**
② **Wandlung**
③ **Kommunion**

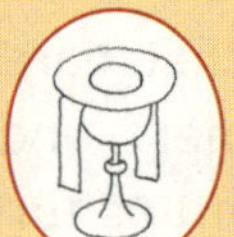

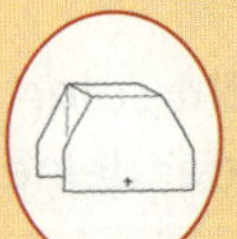

3. Hauptteil: **Nachmesse**

Was bedeuten die liturgischen Farben der Gewänder?

Je nach Tag oder Fest trägt der Priester am Altar Gewänder von unterschiedlicher Farbe.

① *Weiß* bedeutet *Reinheit* und *Freude*

Ein weißes Messgewand trägt der Priester an Weihnachten und Ostern, an den Festen des Herrn und der Gottesmutter, der Engel sowie aller Heiligen, die keine Martyrer sind.

② *Grün* bedeutet *Hoffnung* und *Leben*

Ein grünes Messgewand trägt der Priester an den gewöhnlichen Sonntagen nach Epiphanie und nach Pfingsten.

③ *Rot* bedeutet *Feuer* und *Blut*

Ein rotes Messgewand trägt der Priester an Pfingsten, in Messen zu Ehren des Leidens JESU sowie in Messen zu Ehren der Martyrer.

④ *Violett* bedeutet *Buße*

Ein violettes Messgewand trägt der Priester bei allen Messen mit Bußcharakter, besonders im Advent und in der Fastenzeit.

Nur am dritten Adventssonntag (*Gaudete*) und am vierten Fastensonntag (*Lætare*) kann der Priester ein rosarotes Messgewand tragen, um so die Vorfreude auf das nahe Fest zum Ausdruck zu bringen.

⑤ *Schwarz* bedeutet *Trauer*

Ein schwarzes Messgewand trägt der Priester am Karfreitag und wenn er ein Requiem für Verstorbene hält.

24. Die heilige Messe beten

Bei der heiligen Messe genügt es nicht, wenn du nur äußerlich anwesend bist oder nur äußerlich etwas tust. Viel wichtiger ist, dass dein Herz bei JESUS ist!

Um wirklich an der heiligen Messe teilzunehmen, musst du üben, innerlich zu beten und ein Zwiegespräch mit JESUS zu führen. So kannst du in deinem Herzen sein Opfer mitvollziehen.

Man lernt das am besten, indem man es tut. Zugleich bitte den lieben Gott, dass ER dir hilft!

Was der Priester bei der heiligen Messe am Altar vollzieht, nennt man einen Ritus, der wiederum aus vielen kleinen Riten besteht.

Die uralten Riten der heiligen Messe sind sehr schön. Sie gleichen einer Bildersprache, die man lesen muss.

Das geschieht in drei Schritten:

① Beobachte, was der Priester tut!
② Erinnere dich, was es bedeutet!
③ Vollziehe es in deinem Herzen mit!

Jeder Ritus hat eine Innen- und eine Außenseite: Die *Außenseite* ist das, was man äußerlich vollzieht, die *Innenseite* aber ist das, was dabei im Herzen geschieht.

Bei einer Kniebeuge kommt es beispielsweise nicht nur darauf an, dass das Knie sich beugt, sondern vielmehr darauf, dass Knie und Herz zusammenklingen. Verstehst du das?

Die folgende Messerklärung soll dir helfen, den Sinn der heiligen Riten gut zu verstehen und die heilige Messe richtig liebzugewinnen!

Die Sprache der katholischen Kirche ist Latein. Sie klingt sehr edel, und besonders die lateinischen Gesänge sind von großer Schönheit.

Indem sie sich von der gewöhnlichen Sprache des Alltags unterscheidet, macht uns die lateinische Sprache bewusst, dass das Messopfer etwas sehr Erhabenes und Heiliges ist.

Außerdem können wir uns auch in anderen Ländern mit fremder Sprache im lateinischen Gottesdienst wie zu Hause fühlen!

Als Katholiken sollten wir mit der lateinischen Sprache so weit vertraut sein, dass wir die gleichbleibenden Teile der heiligen Messe verstehen und auch die wichtigsten Gebete lateinisch beten können.

Vorbereitung

Bemühe dich, nach Möglichkeit schon zehn Minuten vor Beginn der heiligen Messe in der Kirche zu sein.

Beim Betreten der Kirche nimm Weihwasser und mache damit ein Kreuzzeichen. Dabei denke: Wie gut, dass ich getauft bin! Lieber Gott, gib mir ein ganz reines Herz!

Bevor du in die Bank gehst, schau nach dem ewigen Licht und wende dich dem Tabernakel zu. Dann grüße JESUS und beuge anbetend dein Knie!

In der Bank knie nieder und sammle dich. Lass dein Herz stille werden und beginne betend ein inneres Gespräch mit JESUS!

Bei allem achte auf eine gute Haltung: äußerlich und innerlich!

- Die gefalteten Hände sollen Ausdruck deiner Andacht und deiner inneren Sammlung sein.
- Das Knien bedeutet, dass du dich vor Gott klein machst und IHN anbetest.

Die Vormesse

Dies sind die Teile der Vormesse:

① Einzug und Stufengebet
② Introitus
③ Kyrie
④ Gloria
⑤ Oration
⑥ Lesung
⑦ Zwischengesang (Graduale/Alleluja/Tractus)
⑧ Evangelium
⑨ Predigt
⑩ Credo

Sobald die Sakristeiglocke erklingt, erhebe dich, um im Priester Christus zu ehren.

Während der Priester einzieht und feierlich zum Altar schreitet, gehe innerlich mit zum Altar, um dem lieben Gott ganz nahe zu sein.

Wenn der Priester am Altar das Knie beugt, dann neige demütig dein Herz.

Beim Kreuzzeichen zu Beginn des Stufengebetes stelle dich im Geiste mit Maria unter das Kreuz.

Wenn sich der Priester zum Confiteor (= Schuldbekenntnis) tief verneigt und an seine Brust klopft, erforsche dein Gewissen. Klopfe ebenfalls an deine Brust und bereue deine Sünden.

Im Kyrie huldige dem dreifaltigen Gott und bitte IHN um sein Erbarmen.

Das Gloria ist ein wunderschönes Loblied. Die ersten beiden Verse haben die Engel bei der Geburt des Heilandes auf dem Hirtenfeld von Bethlehem gesungen: „Ehre sei Gott in der Höhe. Und auf Erden Friede den Menschen, die guten Willens sind!“

Sooft der Priester den Altar küsst, grüßt er sowohl CHRISTUS als auch die Heiligen, deren Reliquien im Altar ruhen.

Auf den Gruß: „Dominus vobiscum - Der Herr sei mit euch!“ antworte: „Et cum spiritu tuo - Und mit deinem Geiste!“

Vor der Oration ruft der Priester „Oremus - Lasset uns beten!“ und erhebt dann beide Hände, damit alle gemeinsam mit ihm betend ihr Herz zu Gott erheben.

Wenn du „Amen“ sagst, bedeutet das: „So sei es!“

In der Lesung aus der Heiligen Schrift spricht Gott zu uns. Horche auf Gottes Wort und denke während des Zwischengesanges über das Gehörte nach.

Wenn du zum Evangelium aufstehst, soll das Ausdruck von Achtung und wacher Bereitschaft sein, dem Ruf des Herrn zu folgen.

Vor dem Evangelium mache mit dem rechten Daumen ein kleines Kreuz auf deine Stirn, deinen Mund und dein Herz. Weihe so dem lieben Gott dein Denken, dein Reden und dein Herz!

Achte gut auf die Predigt und nimm sie dir zu Herzen.

Im Credo (= Glaubensbekenntnis) bekenne froh deinen Glauben.

Die Opferung

Dies sind die wichtigsten Teile der Opferung:

① Opferung des Brotes
② Mischung und Opferung des Weines
③ Händewaschung
④ Orate, fratres und Suscipiat

Zu Beginn küsst der Priester den Altar und grüßt das Volk mit einem „Dominus vobiscum".

Wenn er den Kelch enthüllt, gibt der Ministrant ein Zeichen mit der Altarglocke.

- Zunächst hebt der Priester die Patene mit der Hostie empor und opfert sie auf, indem er Gott bittet, dass ER sie annehme und verwandle. Dann legt er die Hostie vor sich auf das Korporale.
- Nun mischt er zum Wein ein wenig Wasser hinzu, hebt den Kelch empor und opfert auch ihn Gott auf.

Während der Opferung von Brot und Wein erwecke in dir eine rechte Opfergesinnung. Opfere dein Herz dem lieben Gott auf! Bringe ihm all deine Freuden dar und alles, was mühsam ist! Lege all das und dich selbst gleichsam mit auf die Patene! Bitte JESUS, dass er dein Opfer mit seinem Opfer vereine!

Bei der Händewaschung werden noch einmal die vier Finger, die bald den heiligen Leib des Herrn berühren dürfen, sorgfältig gereinigt.

Am Ende der Opferung wendet sich der Priester den Gläubigen zu, breitet die Hände aus und spricht: „Betet, Brüder, dass mein und euer Opfer wohlgefällig werde bei Gott, dem allmächtigen Vater!" Die Antwort darauf lautet: „Der Herr nehme das Opfer an aus deinen Händen zum Lob und Ruhme seines Namens, zum Segen für uns und seine ganze heilige Kirche!"

Nun ist alles zur heiligen Wandlung bereit.

Die heilige Wandlung

Das altehrwürdige Gebet, in dessen Mitte die heilige Wandlung vollzogen wird, heißt *Hochgebet* oder *Messkanon*.

Es wird durch die *Präfation* und das *Sanctus* eingeleitet und klingt mit dem *Per ipsum* und dem *Pater noster* aus.

Dies sind die wichtigsten Teile des Hochgebetes:

① Präfation
② Sanctus
③ Gebete vor der Wandlung
④ **Heilige Wandlung**
⑤ Gebete nach der Wandlung
⑥ Per ipsum
⑦ Pater noster

Wenn der Priester zum „Sursum corda - Empor die Herzen!" die Hände erhebt, erhebe betend dein Herz zu Gott und antworte mit allen Gläubigen: „Habemus ad Dominum - Wir haben sie beim Herrn!"

Beim „Gratias agamus Domino Deo nostro - Lasset uns danken dem Herrn, unserem Gott!" erinnere dich daran, dass wir sehr viel Grund haben, Gott zu danken, und antworte: „Dignum et iustum est - Das ist würdig und recht!"

Die *Präfation* ist ein feierliches Lob- und Dankgebet. Gewöhnlich beginnt sie mit den Worten: „Vere dignum et iustum est ... - In Wahrheit ist es würdig und recht, geziemend und heilsam, dass wir Dir immer und überall danken, Herr, heiliger Vater, allmächtiger, ewiger Gott!"

Zum *Sanctus* verneige mit dem Priester dein Haupt und dein Herz und sprich in tiefer Ehrfurcht: „Sanctus, sanctus, sanctus ... - Heilig, heilig, heilig, Herr, Gott der Heerscharen! Himmel und Erde sind erfüllt von Deiner Herrlichkeit! Hosanna in der Höhe!" Dann mache ein Kreuzzeichen und bete: „Benedictus, qui venit ... - Hochgelobt sei, der da kommt im Namen des Herrn! Hosanna in der Höhe!"

Nun knien die Gläubigen nieder. Ehrfurchtsvolle Stille erfüllt die Kirche, während der Priester ganz leise das Hochgebet spricht. Jetzt soll tiefe Andacht in allen Herzen sein.

In den Gebeten vor der heiligen Wandlung betet der Priester für die Lebenden: für den Papst, für die Bischöfe und Priester und für die ganze Kirche. - Dasselbe tue auch du!

Wenn dann die Altarglocke läutet, ist der hochheilige Moment gekommen. Jetzt wird JESUS durch den Priester sein Kreuzesopfer erneuern.

Genau wie JESUS es beim Letzten Abendmahl getan hat, nimmt der Priester das Brot in seine Hände, erhebt die Augen, dankt dem himmlischen Vater, beugt sich tief nieder und spricht über die Hostie die heiligen Worte der Wandlung.

Sobald er die Wandlungsworte gesprochen hat, beugt der Priester das Knie und betet JESUS an, denn jetzt ist ER gegenwärtig mit Gottheit und Menschheit, mit Fleisch und Blut, wahrhaft, wirklich und wesentlich.

Dann hebt er den heiligen Leib des Herrn hoch empor und zeigt ihn den Gläubigen. Schau hinauf! Grüße JESUS und bete IHN an!

JESUS, Dir leb' ich!
JESUS, Dir sterb' ich!
JESUS, Dein bin ich im Leben und im Tod!

Mit tiefer Ehrfurcht
bete ich Dich an!

Auch über den Kelch beugt sich der Priester, spricht darüber die heiligen Worte und verwandelt in der Vollmacht JESU den Wein in SEIN kostbares Blut.

Wieder beugt der Priester das Knie und betet JESUS an. Dann hebt er den Kelch mit dem kostbaren Blut empor und zeigt auch ihn den Gläubigen. Wenn der Priester den Kelch hoch emporhält, schau wieder hinauf! Grüße JESUS und bete IHN an!

Die heilige Wandlung gleicht dem Sonnenaufgang: Wie die Sonne im Osten aufgeht und über die ganze Erde leuchtet, so steigt unter den heiligen Gestalten von Brot und Wein JESUS empor.

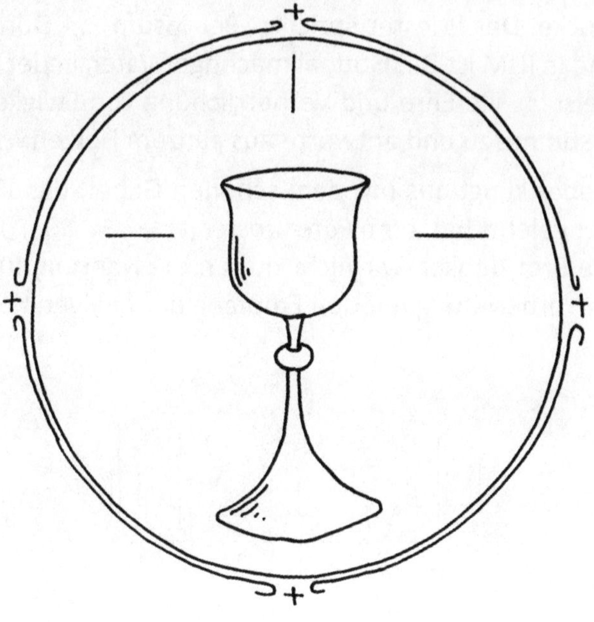

Sei gegrüßt,
Du kostbares Blut JESU,
das für mich am Kreuz vergossen wurde!

Ich opfere Dich
dem himmlischen Vater auf!

Nach der heiligen Wandlung hält der Priester die vier Finger, mit denen er den heiligen Leib des Herrn berührt hat, sorgfältig zusammen, um mit ihnen nichts anderes mehr zu berühren. An den Händen des Priesters kann man auf den ersten Blick erkennen, dass nun die heilige Wandlung vollzogen ist!

In den folgenden Gebeten gedenkt der Priester der Verstorbenen. Bete auch du für all deine lieben Verstorbenen und denke auch an jene Armen Seelen im Fegefeuer, an die sonst niemand denkt!

Zum Abschluss des Hochgebetes bringt der Priester den Leib und das Blut JESU dem himmlischen Vater dar, indem er die heilige Hostie und den Kelch ein wenig erhebt. Dazu gibt der Ministrant ein Zeichen mit der Altarglocke. Der Priester spricht: „Per ipsum ... - Durch IHN und mit IHM und in IHM ist Dir, Gott, allmächtiger Vater, in der Einheit des Heiligen Geistes, alle Ehre und Verherrlichung von Ewigkeit zu Ewigkeit." Dem stimme zu und antworte aus ganzem Herzen: „Amen!"

Das Hochgebet klingt aus mit dem schönen Gebet, das JESUS selbst seine Jünger gelehrt hat, dem *Pater noster* (= Vater unser). Bei der Bitte um das tägliche Brot denken wir nicht nur an die Nahrung für den Leib. Sie ist auch Vorbereitung auf den Empfang der heiligen Kommunion.

Die heilige Kommunion

Der Augenblick, in dem wir den Heiland in der heiligen Kommunion empfangen dürfen, ist der zweite Höhepunkt der heiligen Messe.

Dies sind die Teile der heiligen Kommunion:

① Pax Domini (= „Der Friede des Herrn ...")
② Agnus Dei (= „Lamm Gottes ...")
③ stille Gebete des Priesters
④ Kommunion des Priesters und der Gläubigen
⑤ Purifikation (= Reinigung der Gefäße und der Finger des Priesters)

Nach dem *Pater noster* bricht der Priester die heilige Hostie in drei Teile. Den kleinsten dieser Teile senkt er in den Kelch mit dem kostbaren Blut. Zuvor aber macht er damit drei Kreuzzeichen über den Kelch und spricht: „Pax Domini sit semper vobiscum - Der Friede des Herrn sei allezeit mit euch!" Wir antworten: „Et cum spiritu tuo - Und mit deinem Geiste."

Wenn nun das *Agnus Dei* gebetet wird, denke daran, dass JESUS das wahre *Lamm Gottes* ist, das durch sein Blut die Sünden der Welt hinwegnimmt und uns den Frieden schenkt.

Dann betet der Priester drei stille Gebete. Darin steht eine Bitte, die so wunderschön und wichtig ist, dass es sich unbedingt lohnt, sie auswendig zu lernen. Willst du dir nicht angewöhnen, sie vor jeder heiligen Kommunion ganz bewusst zu wiederholen? Die Bitte lautet: **„Herr JESUS CHRISTUS, erlöse mich durch diesen Deinen hochheiligen Leib und Dein Blut von all meinen Sünden und von jeglichem Übel. Gib, dass ich Deinen Geboten immer treu bleibe, und lass nicht zu, dass ich jemals von Dir getrennt werde."**

Nachdem der Priester kommuniziert hat, nimmt er das Ziborium aus dem Tabernakel, wendet sich den Gläubigen zu und zeigt ihnen eine heilige Hostie. Dabei spricht er feierlich: „Ecce Agnus Dei ... - Seht das Lamm Gottes, das hinwegnimmt die Sünden der Welt!"

Daraufhin schlagen wir uns dreimal an unsere Brust und sagen dabei - wie einst der Hauptmann von Kapharnaum - reuevoll und gläubig: „Domine, non sum dignus, ut intres sub tectum meum: sed tantum dic verbo, et sanabitur anima mea. - O Herr, ich bin nicht würdig, dass Du eingehst unter mein Dach; aber sprich nur ein Wort, so wird meine Seele gesund!"

Erinnere dich an die Bedingungen zum würdigen Empfang der heiligen Kommunion! Bist du bereit, den Heiland zu empfangen? Dann gehe mit gefalteten Händen nach vorne. Mache zuerst eine Kniebeuge, um JESUS anzubeten. Dann knie dich an die Kommunionbank.

Wenn der Priester zu dir kommt und dir die heilige Hostie zeigt, öffne deinen Mund und lege deine Zunge auf die untere Lippe.

Der Priester segnet dich mit der heiligen Hostie, indem er spricht: „Corpus Domini nostri JESU CHRISTI custodiat animam tuam in vitam æternam. Amen. - Der Leib unseres Herrn JESUS CHRISTUS bewahre deine Seele zum ewigen Leben. Amen."

Sobald du die heilige Hostie auf deiner Zunge spürst, nimm sie langsam in deinen Mund. Bete den Heiland an und heiße ihn in deinem Herzen willkommen!

Jetzt bist du selbst sein Tabernakel. JESUS freut sich, bei dir zu sein!

Gehe innerlich gesammelt und mit gefalteten Händen zu deinem Platz zurück. Schaue dabei nicht nach den Leuten, sondern denke daran, dass nun JESUS in deinem Herzen ist.

Um nicht abgelenkt zu werden, kann es nützlich sein, dass du beide Hände vor das Gesicht legst und die Augen bedeckst.

Überlege dir, was du JESUS sagen willst, aber horche auch, was ER dir sagt! Zuerst rede zu JESUS mit deinen eigenen Worten. Sage IHM, dass du ihn lieb hast! Erwecke in dir den Glauben, die Hoffnung und die Liebe! Bete IHN an und bitte ihn, dass er immer bei dir bleibt, dass er dich vor dem Bösen bewahrt und dir die Kraft gibt, immer gut zu sein!

Bete auch für deine Eltern und Geschwister, für den Priester, deine Lehrer, deine Freunde, für die Kranken und die Armen, für alle, die um ihres Glaubens willen verfolgt werden, und für alle, für die du beten willst.

Wenn du mit eigenen Worten nichts mehr zu sagen weißt, benutze dein Gebetbuch.

Die Nachmesse

Nach der heiligen Kommunion reinigt der Priester die heiligen Geräte und die vier Finger, mit denen er den Leib des Herrn berührt hat, sorgfältig mit Wein und Wasser.

Diese Zeit kannst du noch einmal gut zum Beten nutzen!

Die Nachmesse ähnelt in ihrem Aufbau der Vormesse. Nur ist sie etwas kürzer. Dies sind die Teile der Nachmesse:

① Communio und Postcommunio
② Ite missa est und Segen
③ Schlussevangelium

Nachdem der Priester die *Communio* und die *Postcommunio* gebetet hat, wendet er sich dem Volk zu und sagt: „Ite, missa est - Geht hin, ihr seid gesendet!" Darauf antworten wir: „Deo gratias - Dank sei Gott!"

Nun gibt der Priester feierlich den Segen.

Wenn ein Priester segnet, dann ist es, wie wenn JESUS segnet. Deshalb knien alle nieder und machen andächtig ein Kreuzzeichen.

Schließlich liest der Priester leise das Schlussevangelium. Bei den Worten: „Et verbum caro factum est - Und das Wort ist Fleisch geworden" beugt er anbetend das Knie.

Mit dem Auszug in die Sakristei endet die heilige Messe.

Danksagung

Wenn die heilige Messe zu Ende ist, bleibe noch einige Augenblicke in der Kirche und halte eine kleine Danksagung. Sei dir bewusst, dass der Heiland nun in dir ist.

Hast du irgendein besonderes Anliegen? - IHM darfst du alles sagen!

Bleibe den Tag über mit JESUS verbunden! Habe ihn ganz fest lieb! Denke immer wieder an ihn und sprich mit ihm in deinem Herzen! Bemühe dich, ihm viel Freude zu machen! - Das ist ein sicherer Weg, um heilig zu werden.

Denke auch daran, dass JESUS im Tabernakel gegenwärtig ist.

Möchtest du ihn nicht immer wieder einmal besuchen und einige Momente in stillem Gebet bei IHM verweilen?

25. Das Taufgelübde

Vermutlich wurdest du schon als kleines Kind getauft. Deine Eltern wollten nämlich, dass du bald ein Gotteskind wirst und nicht warten musst, bis du groß geworden bist.

Damals haben deine Eltern und dein Pate in deinem Namen und an deiner Stelle ein Versprechen abgelegt. Man nennt es das *Taufgelübde*. Damit haben sie die Verantwortung übernommen, dich im Glauben und in der Liebe zu Gott zu erziehen.

Danke deinen Eltern, dass sie Wort gehalten und dich JESUS kennen und lieben gelehrt haben!

Nun bist du schon groß genug, um dein Taufgelübde selber zu erneuern.

Das geschieht besonders feierlich am Tag deiner ersten heiligen Kommunion. Dazu wird deine Taufkerze angezündet, und du wirst sie in deiner Hand halten. Sie bedeutet, dass das Licht JESU in deinem Herzen leuchten soll und du in seiner Gnade lebst.

Verspreche dem lieben Gott, IHM dein ganzes Leben lang treu zu sein, bis zum letzten Atemzug!

Sein Licht soll stets in deiner Seele leuchten!

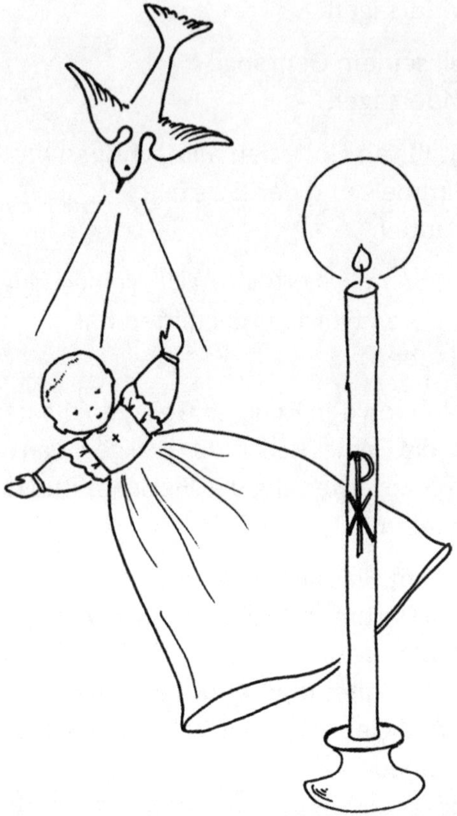

Zur Erneuerung der Taufgelübde am Tag der ersten heiligen Kommunion spricht der Priester nach der Predigt:

Liebe Kinder! Als ihr getauft worden seid, haben eure Paten an eurer Stelle und in eurem Namen dem Teufel widersagt und unserem Herrn JESUS CHRISTUS die Treue gelobt. Heute, da ihr zum ersten Mal zum Tisch des Herrn hinzutreten und seinen heiligen Leib empfangen dürft, sollt ihr selber sprechen und das Gelöbnis eurer Taufe erneuern. Deshalb frage ich euch:

Priester: Widersagt ihr dem Satan?
Kinder: Wir widersagen.

Priester: Und all seinen Werken?
Kinder: Wir widersagen.

Priester: Und all seinem Gepränge?
Kinder: Wir widersagen.

Priester: Glaubt ihr an Gott, den allmächtigen Vater, den Schöpfer des Himmels und der Erde?
Kinder: Wir glauben.

Priester: Glaubt ihr an JESUS CHRISTUS, seinen eingeborenen Sohn, der geboren wurde und gelitten hat?
Kinder: Wir glauben.

Priester: Glaubt ihr an den Heiligen Geist, an die heilige katholische Kirche, die Gemeinschaft der Heiligen, den Nachlass der Sünden, die Auferstehung des Fleisches und das ewige Leben?
Kinder: Wir glauben.

Priester: Was ihr im Glauben bekennt, sollt ihr auch im Leben festhalten. Darum bewahret makellos das Hochzeitskleid der Gnade. Lasst das Licht in euren Herzen brennen und leuchten. Haltet die Gebote des Herrn und dienet IHM in Treue und Liebe. Er aber gebe euch dazu allezeit die Kraft seiner Gnade.
Kinder: Amen.

Es ist ein schöner Brauch, beim Betreten einer Kirche oder beim Verlassen des Hauses Weihwasser zu nehmen und sich damit zu bekreuzigen. So wird man immer wieder an die Taufe und an das Taufgelübde erinnert.

Eltern segnen ihre Kinder mit Weihwasser, wenn sie das Haus verlassen. Dann bitten sie Gott, er möge ihr Kind an Seele und Leib beschützen.

Liebes Kommunionkind!

Hat dieser Erstkommunionkurs dir geholfen, JESUS besser kennen und lieben zu lernen? Das würde mich sehr freuen!

Jetzt wünsche ich dir von ganzem Herzen, dass du mit großer Freude in inniger Gemeinschaft mit JESUS lebst und dass du IHM dein ganzes Leben lang treu bleibst. Deine Liebe zu JESUS soll nicht nur nicht abnehmen, sondern ganz im Gegenteil: Sie soll immer mehr wachsen und reifen und sich bewähren, bis du einmal im Himmel auf ewig mit IHM vereint bist!

Stelle dir vor: Ein Kind empfängt mit großem Eifer seine erste heilige Kommunion. Es bemüht sich, gut zu sein und seinen Eltern viel Freude zu machen. Den Heiland hat es lieb, es betet gern und erfüllt treu seine religiösen Pflichten. Dann aber beginnt es, lau zu werden. Es lässt sich von Kameraden schlecht beeinflussen, kommt vom guten Weg ab, wird frech, beginnt zu lügen, gehorcht nicht mehr, vernachlässigt seine Pflichten und bereitet seinen Eltern viele Sorgen. - Wäre das nicht sehr traurig?

Bei dir soll so etwas gar niemals geschehen!

Bitte Gott, dass er dich vor allem Bösen bewahrt. Bete auch zur Mutter Gottes und bitte deinen Schutzengel, dass er dich immer wieder an das erinnert, was du am Tag deiner ersten heiligen Kommunion dem Heiland versprochen hast!

Darf ich dir noch einige Ratschläge geben?

- Gib dir auch später, wenn du erwachsen bist, immer Mühe, fromm und gottesfürchtig zu sein!
- Beginne jeden Tag mit einem kurzen, aber andächtigen Morgengebet!
- Bete jeden Abend vor dem Schlafengehen ein kurzes Abendgebet! Wirf dabei einen Blick auf den vergangenen Tag und achte darauf, auf welchem Weg du wandelst. Wenn dir einfällt, dass du etwas Böses getan hast, bitte Gott um Verzeihung und fasse den Vorsatz, es nicht wieder zu tun.

- Auch während des Tages erhebe immer wieder, wie es dir gerade einfällt, dein Herz zu Gott und sage IHM irgend etwas Liebevolles. Bleibe den ganzen Tag über mit IHM in Verbindung!
- Gehe möglichst jeden Monat zur heiligen Beichte und lass dir die Sonntagspflicht hoch und heilig sein!
- Bemühe dich, den Glauben immer besser kennenzulernen, ihn immer mehr zu vertiefen und auch andere für JESUS zu gewinnen!

Möchtest du diesen Erstkommunionkurs nicht aufbewahren? Dann kannst du immer wieder einmal darin blättern. Vielleicht wirst du später selbst einmal Kinder haben und möchtest ihnen zeigen, wie du dich als Kind auf deine erste heilige Kommunion vorbereitet hast. Wäre das nicht schön?

Gott segne und behüte dich!

Pater Martin Ramm FSSP

1. Anhang: Beichtspiegel für Kinder

GEBETE ZUR VORBEREITUNG

Bevor du dich auf die heilige Beichte vorbereitest, sprich zuerst ein Gebet. Bitte den lieben Gott, dass er dir deine Fehler zeigt und deinen Willen zum Guten lenkt.

JESUS, mein Herr und Heiland, Du kennst mein Herz, meine Gedanken, meine Worte und meine Werke. Lass mich recht erkennen, was gut und was böse ist. Hilf mir zu einer guten Beichte!

Komm, Heiliger Geist, erleuchte mich, damit ich meine Sünden recht erkenne, sie von Herzen bereue, sie aufrichtig beichte und mich wahrhaft bessere!

Maria, meine himmlische Mutter, bitte für mich und steh mir bei!

Heiliger Schutzengel und all ihr lieben Heiligen, bittet für mich!

Nun erforsche gut dein Gewissen! Zuerst überlege dir folgende Fragen:

Wann war meine letzte Beichte? - Habe ich damals gut und aufrichtig gebeichtet? - Habe ich nichts Wichtiges vergessen oder ausgelassen oder aus falscher Scham verschwiegen? - Habe ich die auferlegte Buße verrichtet? - Habe ich meinen Vorsatz gehalten?

1. LEBEN MIT GOTT

Gott will die erste Stelle in deinem Leben haben. An ihn sollst du glauben, auf ihn hoffen und ihn lieben aus deinem ganzen Herzen, aus deiner ganzen Seele, mit deinem ganzen Denken und aus deiner ganzen Kraft!

Hast du dich bemüht, mit Gott zu leben - an ihn zu denken - ihn zu grüßen - ihm Freude zu machen? - Hast du die täglichen Gebete verrichtet? - Hast du täglich für das Gute gedankt? - Bemühst du dich, auch mit dem Herzen dabei zu sein, wenn du betest? - Hast du dich auch dann bemüht, wenn du keine Lust zum Beten hattest? - Warst du eifrig im Religionsunterricht? - Hast du in Schwierigkeiten und Prüfungen auf Gott vertraut und zu ihm gebetet?

Oder hast du kaum oder nie an Gott gedacht - schlecht oder widerwillig gebetet? - Hast du dich beim Beten gerne ablenken lassen - oder andere beim Beten gestört? - Hast du morgens, mittags oder abends absichtlich nicht gebetet? - Hast du dich deines Glaubens geschämt? - Hast du glaubensfeindliche Schriften gelesen? - Hast du freiwillig am Glauben gezweifelt? - Warst du abergläubisch?

2. HEILIGE NAMEN UND DINGE

Gott will, dass wir seinen heiligen Namen ehren und auch vor anderen heiligen Namen und Dingen Ehrfurcht haben.

Hast du dich bemüht, Gott und seinen heiligen Namen zu ehren? - Wie war dein Verhalten in der Kirche? - Warst du ehrfürchtig mit dem Kreuz - mit dem Rosenkranz - mit anderen geweihten Gegenständen? - Hast du dich beim Beten auch äußerlich um eine gute Haltung bemüht? - Hast du das Kreuzzeichen und die Kniebeuge gut und ehrfürchtig gemacht? - Hattest du Achtung vor Priestern und Ordensleuten?

Oder hast du heilige Namen leichtsinnig ausgesprochen - im Zorn - sie zum Fluchen missbraucht? - Hast du leichtsinnig oder falsch geschworen? - Hast du mit heiligen Dingen Unfug getrieben - dumme Späße gemacht?

3. SONN- UND FEIERTAGE

Gott will, dass wir am Sonntag von der Arbeit ruhen und den Tag des Herrn heilig halten. Nur wer einen wirklich wichtigen Grund hat, ist von der Teilnahme an der Sonntagsmesse entschuldigt.

Hast du dich bemüht, unnötige Arbeiten am Sonntag zu vermeiden? - Bist du rechtzeitig zur Sonntagsmesse gegangen? - Hast du dich bemüht, mit dem Herzen ganz dabei zu sein - schön mitzubeten und mitzusingen? - Hast du dich nach der heiligen Kommunion bemüht, gesammelt zu sein, JESUS anzubeten und nicht nach den Leuten zu schauen?

Oder hast du die Sonntagsmesse aus eigener Schuld und ohne wichtigen Grund versäumt? - Wie oft? - Bist du zu spät gekommen? - Warum? - Hast du geschwatzt? - Hast du andere in ihrer Andacht gestört? - Hast du nach den Leuten geschaut?

4. ELTERN UND VORGESETZTE

Gott will, dass wir unsere Eltern lieben und ehren. Du sollst ihnen gehorchen und dich bemühen, ihnen Freude zu machen!

Hast du deinen Eltern deine Liebe durch Taten gezeigt? - Hast du für sie gebetet? - Warst du ihnen dankbar? - Warst du hilfsbereit? - Hast du dich bemüht, ihnen Freude zu machen - auch deinen Großeltern - deinen Vorgesetzten - den Lehrern? - Hast du gehorcht: gern, geschwind, genau? - Hast du deine Pflichten zu Hause und in der Schule erfüllt? - Warst du gut zu alten Leuten? - Hast du Ermahnungen und gute Ratschläge angenommen?

Oder hast du deinen Eltern Kummer bereitet - sie angeschrieen oder sie beschimpft? - Warst du ungehorsam - frech - trotzig - launisch? - Hast du schlecht gefolgt? - Hast du sie absichtlich geärgert - ihnen Böses gewünscht? - Hast du dich deiner Eltern geschämt? - Hast du abfällig über deine Lehrer geredet - ihnen beleidigende Namen gegeben?

5. NÄCHSTENLIEBE

Gott will, dass wir Ehrfurcht vor dem Leben haben: vor unserem eigenen Leben und vor dem des Nächsten. Du sollst deinen Nächsten lieben wie dich selbst, ihm helfen und ihm nichts Böses tun!

Hast du dir Mühe gegeben, zu anderen gut und freundlich zu sein - zu deinen Geschwistern - zu anderen Kindern - zu Erwachsenen? - Hast du dich bemüht, deinen Geschwistern und Freunden ein gutes Vorbild zu geben und ihnen Freude zu machen? - Warst du hilfsbereit? - Warst du geduldig mit den Schwächen der anderen? - Hast du für die anderen gebetet? - Warst du schnell bereit, ein Unrecht zu verzeihen?

Oder warst du lieblos - neidisch - schadenfroh - gehässig? - Hast du andere nicht mitspielen lassen oder ausgeschlossen? - Hast du andere verspottet - ihnen beleidigende Schimpfnamen gegeben? - Hast du anderen Böses gewünscht oder getan - sie geschlagen - verletzt? - Hast du andere bedroht oder erpresst - deinen Zorn an ihnen ausgelassen? - Hast du andere zum Zorn gereizt - gezankt - sie absichtlich geärgert? - Warst du Spielverderber? - Konntest du schlecht verlieren? - Wolltest du immer im Mittelpunkt stehen? - Warst du unversöhnlich? - Konntest du nicht verzeihen? - Hast du andere unnötig verklagt? - Hast du dem Nächsten in der Not nicht geholfen?

Hast du dich an brutalen und gewalttätigen Filmen, Computerspielen, Comics erfreut? - Hast du Tiere gequält? - Hast du Pflanzen mutwillig zerstört? - Hast du Abfall in die Natur geworfen?

Hast du deiner Gesundheit geschadet - durch gefährliche Mutproben - durch Rauchen - durch Alkohol - durch Drogen?

Hast du andere zur Sünde verführt - oder dich verführen lassen? - Hattest du Umgang mit schlechten ‚Freunden'?

6. und 9. REINHEIT

Gott will, dass wir schamhaft und keusch sind. Du sollst Ehrfurcht haben vor deinem eigenen Leib und vor dem Leib der anderen!

Hast du dich bemüht, in deinem Wesen ganz edel und rein zu sein - deine Augen und deine Gedanken vor allem Unreinen zu bewahren? - Hast du daran gedacht, in Versuchungen ein Stoßgebet zu sagen?

Oder warst du unschamhaft oder unkeusch: im Denken - im Reden - im Zuhören - im Anschauen - im Tun? - An dir selbst - oder mit anderen? - Hast du freiwillig Unkeusches an dir tun lassen? - Hast du andere in Versuchung geführt durch schamloses Verhalten? - Hast du freiwillig schlechte Zeitschriften [z. B. ‚Bravo'], Bilder, Filme angeschaut? - Hast du gern schmutzige und unanständige Witze angehört - über sie gelacht - sie anderen weitererzählt? - Hast du hässliche Wörter gebraucht? - Hast du unbedacht schlechte Ausdrücke von der Straße benutzt? - Hast du schlechten Umgang wirklich nach Kräften gemieden?

7. und 10. EIGENTUM

Gott will, dass wir mit unseren eigenen Sachen gut umgehen und fremdes Eigentum achten.

Bist du mit deinen eigenen Sachen sorgsam und ordentlich umgegangen? - Hast du fremdes Eigentum gut behandelt? - Hast du entstandenen Schaden wieder gutgemacht?

Oder hast du gestohlen - andere erpresst oder ausgenutzt - den Eltern oder anderen Geld weggenommen? - Wieviel? - Hast du im Geschäft etwas nicht bezahlt - oder absichtlich zu wenig? - Hast du Esswaren genascht, die dir verboten waren oder für die du hättest fragen müssen? - Hast du Gefundenes einfach behalten - fremdes Eigentum mutwillig beschädigt - Geliehenes nicht zurückgegeben? - Warst du habsüchtig - oder geizig? - Warst du neidisch auf den Besitz von anderen? - Hast du dein Geld verschleckt oder sinnlos ausgegeben? - Hast du alles für dich behalten wollen? - Warst du blind für fremde Not?

8. WAHRHAFTIGKEIT UND EHRE

Gott liebt die Wahrheit. Du sollst immer aufrichtig und wahrhaftig sein und den guten Ruf des Nächsten achten!

Hast du dich bemüht, ehrlich, aufrichtig und echt zu sein? - Hast du dich bemüht, Gutes über andere zu sagen?

Oder hast du gelogen - geheuchelt - übertrieben - Halbwahrheiten gesagt - um nicht bestraft zu werden - um vor anderen besser dazustehen? - Hast du deine Schuld auf andere geschoben? - Hast du beim Spiel gemogelt? - Hast du in der Schule (z. B. bei Klassenarbeiten) gemogelt (z. B. durch Spickzettel oder Abschreiben vom Nachbarn)?

Hast du über andere Unwahres gesagt - oder ihre Fehler ohne wichtigen Grund weitererzählt?

Hast du anvertraute Geheimnisse verraten - gegebene Versprechen nicht gehalten? - Hast du durch neugierige Fragen andere dazu verleitet, Geheimnisse auszuplaudern?

STANDESPFLICHTEN

Gott will, dass wir fleißig lernen und arbeiten und dass wir unsere Standespflichten zu Hause, in der Schule oder am Arbeitsplatz gewissenhaft erfüllen.

Hast du dich bemüht, in der Schule gut mitzumachen - fleißig zu lernen - den Lehrern und Kameraden ein gutes Vorbild zu geben? - Hast du gewissenhaft die Hausaufgaben gemacht? - Hast du zu Hause geholfen - auch bei solchen Arbeiten, die dir weniger gefallen oder dir unangenehm sind?

Oder warst du faul - träge - unaufmerksam? - Warst du schlampig bei den Aufgaben? - Warst du ungenau bei der Arbeit?

Musste man dich oft ermahnen, bis du deine Pflichten erfüllt hast?

HAUPTFEHLER

Gott will, dass wir uns beherrschen, an uns selber arbeiten und unsere Fehler bekämpfen.

Hast du deine Fehler bekämpft? - Hast du dich bemüht, deine Launen und Leidenschaften zu beherrschen? - Hast du genug Kraft, um manchmal aus Liebe zu Gott freiwillig auf etwas zu verzichten?

Oder warst du unmäßig beim Essen - unbeherrscht beim Spiel? - Bist du leicht zornig geworden? - Welche Rolle spielen für dich der Fernseher, Computerspiele, Gameboy, Internet? - Hast du zu viel Zeit damit vertan? - Hast du Dinge angeschaut oder dich mit Dingen beschäftigt, die deiner Seele schaden? - Hast du schlechte Musik angehört? - Warst du eingebildet - stolz - eitel - trotzig - überheblich - träge - rachsüchtig - neidisch - geizig? - Warst du wehleidig und jammerig?

KIRCHENGEBOTE

Hast du die eucharistische Nüchternheit eingehalten [d. h. mindestens eine Stunde vor der heiligen Kommunion nichts zu essen]? - Hast du das Freitagsgebot beachtet?

Drückt dich sonst noch etwas im Gewissen? Wenn du dich in einer anderen Sache schuldig fühlst oder bei irgendetwas unsicher bist, darfst du dies voll Vertrauen dem Beichtvater sagen.

DIE REUE

Wenn du dein Gewissen gut erforscht hast, dann erwecke Reue über deine Sünden.

Die Reue ist das Wichtigste bei der heiligen Beichte! Sie ist der Schmerz der Seele über die begangenen Sünden.

Bitte den lieben Gott mit deinen eigenen Worten um Verzeihung. Sage ihm, dass du ihn lieb hast und dass dir deine Sünden von Herzen leid tun.

Lieber Heiland, alle meine Sünden bereue ich aus Liebe zu Dir. Mein JESUS, Barmherzigkeit!

O mein Gott, alle meine Sünden bereue ich von ganzem Herzen, weil ich von Dir Strafe verdient habe. Ganz besonders aber tun sie mir leid, weil ich Dich, meinen besten Vater und meinen gütigsten Erlöser, beleidigt habe. Mit Deiner Gnade nehme ich mir fest vor, nicht mehr zu sündigen und die nächste Gelegenheit zur Sünde zu meiden. Amen.

DER VORSATZ

Wie aus der Quelle das Wasser, so kommt aus einer echten Reue der gute Vorsatz.

- **Ich will nicht mehr sündigen!**
- **Ich will die Gelegenheit zur Sünde meiden!**
- **Ich will die Mittel zur Besserung anwenden!**

Denke daran, dass JESUS selbst dir durch den Beichtvater die Sünden nachlässt. Du darfst also voll Vertrauen sein!

GEBET VOR DER HEILIGEN BEICHTE

Lieber Vater im Himmel! Du bist so gut und heilig und liebst mich so sehr. Du sorgst für mich und willst mich in den Himmel führen. Jetzt sehe ich, wie wenig ich Dich geliebt habe. Es tut mir leid, dass ich gegen Dich, meinen liebsten Vater, gesündigt habe. Du allein kannst mich von meinen Sünden befreien. Darum komme ich zu Dir.

Verzeih mir, lieber Gott, reinige mein Herz und heilige mich. Ich will mich bessern und gegen meine Fehler kämpfen.

Ich nehme mir besonders vor, dass ich .... Hilf mir, dass ich diesen Vorsatz gut halte. Ich will Dich immer mehr lieben! Gib mir dazu Deine Gnade. Amen.

GEBET NACH DER HEILIGEN BEICHTE

Barmherziger Vater, ich danke Dir von ganzem Herzen. Du hast mir meine Sünden vergeben. Nun ist mein Herz voll Freude und Frieden. Ich bin wieder ganz in Deiner Liebe. Gib mir die Gnade, dass ich nun die Sünden meide, meinen Vorsatz halte und stets tue, was Dir wohlgefällt. Amen.

Lieber JESUS, Du hast mich von meinen Sünden wieder befreit. Wie froh bin ich! Ich danke Dir! Hilf mir, dass ich meinen Vorsatz gut halte. Lass mich ein wahres Gotteskind sein und immer mit Dir leben. Ich will oft an Dich denken und immer mit Dir verbunden bleiben. Lass mich Dich immer mehr lieben und gut sein mit allen Menschen, wie Du es bist. Amen.

Maria, meine liebe Mutter, bitte für mich!

Heiliger Schutzengel, schütze mich!

Aus dem regelmäßigen Empfang des Bußsakramentes kommt ein mächtiger Antrieb zum Guten. Es befreit dich nicht nur von der Last der Sünden, sondern gibt dir auch viele Gnaden, damit du die Kraft hast, immer besser zu werden!

2. Anhang: Kommuniongebete

Gebete vor der heiligen Kommunion

JESUS, JESUS, komm zu mir,
oh, wie sehn ich mich nach Dir!
Meiner Seele bester Freund,
wann werd ich mit Dir vereint?

Keine Lust ist in der Welt,
die mein Herz zufrieden stellt,
Deine Liebe, Herr, allein
kann mein ganzes Herz erfreun.

Ach, o Herr, ich bin nicht rein,
dass Du kehrest bei mir ein.
Nur ein Wort aus Deinem Mund,
und die Seele wird gesund!

Darum sehn ich mich nach Dir,
eile, JESUS, komm zu mir!
Nimm mein ganzes Herz für Dich
und besitz es ewiglich! Amen.

O mein JESUS, nun darf ich Dich in der heiligen Kommunion empfangen. Ich komme, weil Du mich einlädst und weil Du bei mir wohnen willst. Ich möchte ganz so sein, wie es Dir gefällt, und will mich in Liebe mit Dir vereinen. Heile meine Seele von all ihren Schwächen. Lass mich meine Fehler erkennen, damit ich mich bessere. Vermehre meinen Glauben, meine Hoffnung und meine Liebe, o mein JESUS, damit ich mich niemals von Dir entferne. Komm zu mir, dann bleibe ich rein, und lehre mich lieben wie Du. Maria, meine gute Mutter, führe mich zu JESUS, damit ich durch ihn und in ihm dem Vater gehöre. Amen.

O Maria, meine liebste Mutter, schenke mir ein Herz, so schön, so rein, so unbefleckt, so voll von Liebe und Demut wie dein Herz, damit ich JESUS empfange wie du und eile, ihn anderen zu bringen. Amen.

JESUS, Du bist aus Liebe zu mir am Kreuz gestorben. Du schenkst Dich mir in der heiligen Kommunion. Auch ich will mich Dir schenken! Weil ich Dich von ganzem Herzen liebe, will ich Deine Gebote halten und auch meine Mitmenschen lieben. Hilf mir dazu! Amen.

Mein Herr und mein Gott,
nimm alles von mir, was mich hindert zu Dir!
Mein Herr und mein Gott,
gib alles mir, was mich fördert zu Dir!
Mein Herr und mein Gott,
nimm mich mir und gib mich ganz zu eigen Dir! Amen.

Mein Gott, ich glaube an Dich,
ich bete Dich an, ich hoffe auf Dich, ich liebe Dich.
Ich bitte Dich um Verzeihung für jene, die nicht an Dich glauben,
Dich nicht anbeten, nicht auf Dich hoffen und Dich nicht lieben. Amen.

Komm, Herr JESUS, komm, mein Heiland,
komm, meiner Seele bester Freund
und bleibe für mein ganzes Leben
aufs Innigste mit mir vereint.

Voll Ehrfurcht falte ich die Hände
und neige mich vor Deinem Licht,
ich warte sehnlichst auf Dein Kommen;
Du kommst, und mehr begehr ich nicht. Amen.

An Dich glaub' ich, auf Dich hoff' ich,
Gott, von Herzen lieb' ich Dich.
Niemand soll mir diesen Glauben,
weder Tod noch Hölle, rauben,
und wenn einst mein Herz wird brechen,
will ich noch im Sterben sprechen:
An Dich glaub' ich, auf Dich hoff' ich,
Gott, von Herzen lieb' ich Dich. Amen.

Gebete nach der heiligen Kommunion

O mein Heiland, großer König,
Du bist bei mir eingekehrt,
freudig trag' ich Dich im Herzen,
dem die ganze Welt gehört.

Sieh, nun sollst Du alles haben,
was in meinem Herzen ist,
alles leg' ich Dir zu Füßen,
weil Du ja mein König bist!

Schenke mir nur Deine Gnade,
hilf mir durch Dein Fleisch und Blut,
dass ich Deiner würdig werde,
lebe heilig, fromm und gut.

Lehr' mich glauben, lehr' mich lieben,
lehr' mich kämpfen für Dein Reich,
dass mein ganzes Erdenleben
Deinem Leben werde gleich! Amen.

JESUS, bleib' in meiner Seele,
halte mich von Sünden frei.
Gib, dass ich nur Gutes wähle
und einst ewig bei Dir sei.
Schütz' mich gnädig in Gefahren,
lass die Unschuld mich bewahren. Amen.

O JESUS, Du bist da in meinem Herzen. Ich bete Dich an, wie die Hirten Dich in der Krippe angebetet haben. Du bist mein Gott, und Du bist mein Freund. Ich weiß nicht, wie ich Dir danken soll. Lass mich bis zum Ende meines Lebens Dir treu sein. Ich weihe mich Dir. Ich liebe Dich. Lass nicht zu, dass ich mich jemals von Dir trenne. Behüte mich und meine Eltern, meine Geschwister und meine Freunde. Lebe Du in mir! Amen.

Denk’ Du in mir, o JESUS,
dann denk’ ich licht und klar.
Sprich Du aus mir, o JESUS,
dann sprech’ ich mild und wahr.
Wirk’ Du durch mich, o JESUS,
gerecht ist dann mein Tun,
geheiligt meine Arbeit, geheiligt auch mein Ruh’n.
Erfüll’ mein ganzes Wesen, durchdring’ mein ganzes Sein,
dass man aus mir kann lesen die große Liebe Dein. Amen.

Seele Christi, heilige mich.
Leib Christi, erlöse mich.
Blut Christi, tränke mich.
Wasser der Seite Christi, wasche mich.
Leiden Christi, stärke mich.
O gütiger JESUS, erhöre mich.
Verbirg in Deine Wunden mich.
Von Dir lass nimmer scheiden mich.
Vor dem bösen Feind beschütze mich.
In meiner Todesstunde rufe mich.
Zu Dir zu kommen heiße mich,
mit Deinen Heiligen zu loben Dich
in Deinem Reiche ewiglich. Amen.

JESUS, Du bist nun in meinem Herzen, ich liebe Dich und bete Dich an! Du bist das Licht meiner Seele! Zeige mir, was gut ist, und gib mir die Kraft, es immer zu tun. Ich danke Dir, dass Du zu mir gekommen bist. Sei immer bei mir und lass auch mich immer bei Dir sein. Ich schenke Dir mein Herz, und ich opfere Dir auf, was ich heute Gutes tun will: ... Ich bitte Dich für meine Eltern und für ...

JESUS, Dir leb’ ich, JESUS, Dir sterb’ ich,
JESUS, Dein bin ich im Leben und im Tod!

Sei tausendmal gegrüßt,
mein Heiland JESUS Christ,
wie freu' ich mich von Herzen,
dass Du nun bei mir bist.

Ich bete wie die Hirten
in Demut Dich jetzt an,
mit allen heil'gen Engeln,
so gut ich es nur kann.

Ich danke Dir, o JESUS,
mein bestes, schönstes Gut,
dass Du mir hast gegeben
Dein heil'ges Fleisch und Blut.

Fest will ich an Dich glauben
im heil'gen Sakrament;
will immer auf Dich hoffen,
Dich lieben bis ans End. Amen.

Nie kann, o Herr, ich danken Dir genug.
Es soll Dir danken jeder Atemzug.
Es soll Dir danken jeder Herzensschlag
bis hin zum letzten Schlag am letzten Tag.
Es soll Dir danken jeglicher Gedanke.
Nichts will ich denken als: Ich danke, Herr, ich danke.

Neuerscheinung 2022!!!

Jesus kennen, Jesus lieben

Wer Jesus kennt, der muss ihn lieben!

Das ‚Jesus'-Büchlein enthält kindgerecht den biblischen Text. Mit siebzig schönen Aquarellen liebevoll illustriert, führt es durch das ganze Leben Jesu.

Empfehlung zu weiterer Lektüre

Unsere Kleinschriften sind in leicht verständlicher Sprache geschrieben. Sie handeln vom katholischen Glauben und Leben und bringen Licht in viele Lebensfragen.

Die Priesterbruderschaft St. Petrus versendet die hier abgebildeten Medien grundsätzlich kostenlos und sagt für jede freiwillige Gabe ein herzliches Vergelt's Gott!

Besuchen Sie unsere Websites!

www.petrusverlag.de
www.petrusbruderschaft.de